タイパ命！
やる気なくても旨すぎレシピ

ずぼら料理研究家
るみる

Gakken

はじめに

イヤイヤ料理する時間なんてもったいない！
手間はとことん減らして、楽しく過ごしましょう♬

　こんにちは！　るみるです！　この本は、私がInstagramで発信している「ずぼらレシピ」を1冊にまとめたものです。

　まず、自己紹介をさせてください。私は関西在住のシングルマザーで、3人の息子がいます。

　読者のみなさまのなかには、家事・育児・仕事に追われ、「自分の時間なんてない！」って、毎日いっぱいいっぱいになりながら頑張っている方も多いのではないでしょうか。家族との時間も自分の時間も楽しみたいのに、「そんな体力残ってない…」なんてことになっていませんか？

　だからこそ、毎日を楽しい気持ちで過ごせるように、家事で「手間」を抜けるところは、どんどん抜いてほしい！

　たとえば、掃除って別に1日とか1週間とかサボっても生きていけますよね？でも、料理はサボれない。だって、1日3回必ずお腹が空くんだもん。「今日はやる気ないから食べんとこう」ってできない。生きるために必須の家事なんです。

　なので、料理はムリせずにやってほしい。毎日3回の食事をイヤイヤ作っていたら、たった一度きりの人生のかなりの時間をイヤな作業に費やすことになってしまう……。

　とはいえ、私はもともと料理が好きでも得意でもなかったから、ごはんを作る時間って全然楽しくなかった。でも、イヤイヤ過ごす時間がたくさんあるってもったいないから、「どうせやるなら楽しもう！　みんなにも楽しんでほしい！」という思いで、レシピを発信しています。

　私が「料理って、まぁまぁ楽しいやん♬」という気持ちになってきたように、みなさまにも気軽に楽しんでもらえたらうれしいです。

るみる

これさえあれば！
我が家のスタメンたち

へとへとでも、やる気なくても、気分が乗らなくても、
ごはんは作らなあかん。そんな毎日を支えるのは使いやすい食材や調味料、
調理器具たち。頼りになる、我が家のスタメンをご紹介します！

スタメン食材

3大節約食材
（ちくわ・かに風味かまぼこ・えのきたけ）

家計に優しい3大節約食材といえばこれ！ 生でも
加熱してもおいしく食べられるちくわ、旨みたっ
ぷりで実は高たんぱく質なかに風味かまぼこは、
肉や魚の代替品として。一年中ほぼ値段が変わら
ないえのきたけは心強いかさ増し要員として、我
が家の食事に頻繁に登場します。これらをすべて
使った「かにマヨえのき（P.103）」もおいしい！

豆腐

料理のかさ増しに使えることはも
ちろん、くずして肉だねなどに入
れると食感がふわふわもちもちに。

さつまいも

おかずにも、おやつにも使えるさ
つまいも。一年中手に入る、便利
な食材です。

油揚げ

私はピザ生地代わりによく使いま
す。マヨネーズとケチャップを塗
って、好みの具とチーズを散らし、
トースターで焼くだけ！

チーズ類

スライスチーズ、ベビーチー
ズ、さけるタイプのチーズ
など、ブッ込むだけでコク
が出ます。ピザ用はミッ
クスタイプなどお好みで。

にんにく・
しょうが（チューブ）

この本では主にどちらも
チューブタイプを使いま
す。おろしたり刻んだり
する手間なく、すぐに使
えて便利！

スタメン調味料

めんつゆ
これだけで、味が決まる！ 我が家は4倍濃縮を使用しています。

顆粒鶏がらスープの素
野菜だけのレシピなど、ちょっと味つけがもの足りないときにプラスしています。

焼肉のタレ
淡白な食材でも、焼肉のタレを絡めれば、ガッツリ味に！

ハーブソルト
塩、こしょうの代わりに使います。ふりかけるとなんでもおいしくなる！

青のり・あおさ
厳密にいうと調味料ではありませんが、味に変化を与えてくれる青のりやあおさ。のり塩味は大人も子どももみんな大好き！

スタメン調理器具

フライパン
焼く、揚げる、といった通常の使い方のほか、材料を混ぜるボウル代わりにも。ふたは立てられるタイプが便利です。

キッチンバサミ
なるべくまな板は使いたくない！ 切れるものはキッチンバサミで。

耐熱容器＆ポリ袋
電子レンジで調理するときに使う容器とポリ袋。ガラスや陶器の器であれば、そのまま食卓へGO！

るみる式 ずぼらレシピ 5つのアイデア

日々のごはん作りはタイパ命！ おいしい、簡単、早い、楽しい！
そんなごはん作りを叶えるのは、こんな5つのアイデアです。

切る

その

1 フライパンは調理台です

混ぜる

まぶす

フライパンは万能調理器具。食材を「焼く」「炒める」などの加熱調理のほかに、「混ぜる」「切る」「（粉などを）まぶす」といった下準備作業に使うことで洗い物の量を劇的に減らせます。

その2 味つけは黄金比を覚える

レシピは覚えやすい分量で。
マヨケチャ味や塩バター味、旨辛味などは、
調味料の割合の黄金比を覚えて、
それをベースに、使う食材を変えていくと、
レシピのバリエーションが無限に広がります。

定番の
えびマヨ

鶏でも
旨い！

マヨケチャ味

大さじ 4	小さじ 1	小さじ 1	小さじ 1	小さじ 1
マヨネーズ	ケチャップ	砂糖	しょうゆ	酢

塩バター味

ほくほく
さつまいも

かぼちゃが
引き立つ！

10 g	大さじ 1	小さじ 1
バター	砂糖	塩

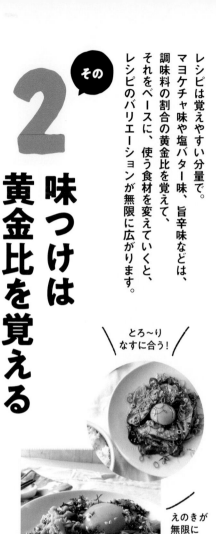

とろ～り
なすに合う！

えのきが
無限に
おいしい！

旨辛味

大さじ 1	大さじ 1	小さじ 1	3 cm
めんつゆ	ごま油	コチュジャン	しょうが（チューブ）

えびで
ソースを
混ぜる

餃子の皮で
油を広げる

その

3

使えるものは何でも使う

たとえば、調味料を混ぜるときは、わざわざスプーンを使わず具材で混ぜちゃう、重しが必要なときは、近くにある鍋をのせてしまうなど、あるもので代用できないかをまず考えます。これってずぼらではなく、合理的なのかも？

鍋を
重しに

ひき肉は
パックから
ドンッ！

豆腐は
水きりしない

長いもは
皮のまま

4

なるべくやらない

「やらなくてもおいしく作れる」手間は
なるべく省いちゃいましょう。
揚げるのではなく、少ない油で揚げ焼きに。
豆腐は水きりしない、野菜は皮ごと使う、
お肉はパックから直接フライパンにドンッ！
など、時短にもつながります。

開けてびっくり
さつまいもドーン!

ビスケットが
ヨーグルトの容器に
シンデレラフィット

5

料理は面白く!

見た目も楽しく
生地をくるくる

料理が好きじゃないからこそ、楽しく作るのがモットー。食材をドーン!と炊飯器にブッ込む、見た目の映えにこだわるなど、自分も面白がれるレシピのほうが作っていて楽しい!子どもも一緒に盛り上がってくれます。

ずぼらな私の目分量のコツ

おいしく作る基本は「正しい計量から！」と言われても、いちいち計量スプーンで
はかるのは、洗い物も増えるし、ちょっとめんどくさいですよね。
目分量を極めれば、料理がもっと楽になるはず！

頭の中で
計量スプーンをイメージ

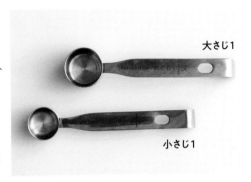

大さじ1

小さじ1

本書のレシピでは、調味料などの分量は、大さじ、小さじに換算して記載していますが、私が実際に料理するときはいつもだいたい目分量。きちんと計量しなくても味つけに失敗しないコツは、頭の中で計量スプーンのサイズ感をイメージすること。「大さじ1の容量は、このくらいかな？」と目で確認しながら、調味料を加えています。

私の「大さじ1」は
このくらい！

しょうゆ
大さじ1は
このくらい！

ケチャップ
大さじ1は
このくらい！

目分量だと、うまく味つけできるか不安…という人は、「このくらいが大さじ1かな？」と思う量と、実際に計量スプーンではかった大さじ1を器に出して見比べてみましょう。正しい「大さじ1」の見た目のボリュームを覚えておけば、目分量上手になれます！

液体は、だいたい
ひと回しが大さじ2

もちろんフライパンに油を入れるときも目分量。ひと回しがだいたい大さじ2ぐらい。でも、油の量は、そんなに神経質にならなくても大丈夫。「少ないかな？」と思ったら足せばいいし、多ければキッチンペーパーで拭き取ればいいんです。そのくらいのずぼら加減がちょうどいい！

粉類は、多かったら
拭き取ればOK！

粉類ももちろん目分量。本書では、粉類をまぶすレシピは、だいたいフライパンの中かポリ袋で作業します。フライパンでまぶすときは目分量で多すぎたらキッチンペーパーで拭き取って。粉が多いと余分な油を吸ってしまい、仕上がりがべちゃっとなってしまうので注意。

CONTENTS

PART 1
秒でなくなる！
人気の推しメニュー …17

> COLUMN

PART 2
これ簡単すぎ！
鬼リピ肉おかず …53

鶏もも肉

PART **3** ヤバい…
止められない絶品レシピ … 81

CONTENTS

この本の決まり

レシピについて

●本書のレシピは、るみる／料理歴15年 ずぼら楽ちんレシピ（rumiru_zuborashokudo）のInstagram投稿をもとにしています。書籍化にあたり、より作りやすいよう、レシピを見直したため、材料の分量や作り方の手順、およびレシピ名が、Instagramでの投稿と一部異なる場合があります。

●特に記載がない場合、しょうゆは濃口しょうゆ、砂糖はてんさい糖、塩は天然塩、酢は穀物酢、味噌は米味噌、バターは有塩のものを使用しています。てんさい糖がなければ上白糖、米味噌がなければ合わせ味噌など、好みのものを使っていただいてOKです。

●めんつゆは、4倍濃縮タイプを使用しています。2倍濃縮の場合はレシピ分量の2倍量、3倍濃縮の場合は1⅓量を目安に調整してください。

●白だしは、2倍濃縮タイプを使用しています。商品によって濃度が異なるので、味見をしながら量を加減してください。

●「ひとつまみ」＝親指、人差し指、中指の3本の指でつまんだ量、「少々」＝親指と人差し指の2本の指でつまんだ量です。「適量」＝料理に見合った適当な量、「適宜」＝入れても入れなくても好みでかまわないという意味です。

調理器具について

●計量スプーンは、大さじ1＝15㎖、小さじ1＝5㎖です。

●フライパンは、直径28㎝のフッ素樹脂加工のものを使用しています。

●電子レンジの加熱時間は、600Wの電子レンジで加熱する場合の時間の目安を表示しています。700Wの場合は加熱時間を0.8倍、500Wの場合は1.2倍の時間を目安に、お手持ちの機種に合わせて様子を見ながら調整してください。

●オーブントースターの加熱時間は、1000W（約230℃）のオーブントースターで加熱する場合の目安を表示しています。

●炊飯器は5合炊きの炊飯器を使っています。圧力式炊飯器は、炊飯以外の調理に使わないようにしてください。

秒でなくなる！

人気の
推しメニュー

Instagramで好評だったレシピの中から、
推しメニューをランキング形式で発表！
550万人以上が見た、ずぼらテクニック満載のレシピは
「おいしい」と「時短」を両立！

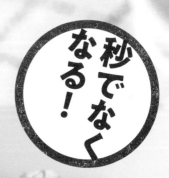

第**1**位

秒でなくなる！

絶品鶏マヨ

マヨケチャ味の黄金比

大さじ4	小さじ1	小さじ1	小さじ1	小さじ1
マヨネーズ	ケチャップ	砂糖	しょうゆ	酢

ケチャップ×マヨネーズの甘酸っぱいタレでお箸がもう止まりません！
同じ味つけでえびマヨ、ちくマヨも作れます（次ページ参照）。

材料　（2人分）

鶏むね肉…1枚
塩・こしょう…各適量
片栗粉…大さじ3
サラダ油…大さじ4

Ⓐ マヨネーズ…大さじ4
　 ケチャップ・砂糖・しょうゆ・酢…各小さじ1
青ねぎ（小口切り）・白ごま…各適量

作り方

1

鶏肉は1cm幅のスティック状に切る。

2

フライパンの中で粉をまぶす！

フライパンに**1**を入れ、塩、こしょうをふり、片栗粉を加えて全体にまぶす。

3

上からサラダ油をかけちゃう！

サラダ油を回しかけて中火にかけ、揚げ焼きにして油をきる。

4

ボウルにⒶを混ぜ合わせ、**3**を加えて和える。器に盛り、青ねぎ、白ごまを散らす。

◣ 作ってみた人の声 ╱

むね肉レシピネタ切れだったので助かりました。鶏むね肉がこんなにジューシーになるなんて！

ブッ込む
だけ!

絶品えびマヨ

全体がほんのり茶色になるまで揚げ焼きにするのがおいしく作るコツ。
むきえびを使うと、下処理不要で楽ちんです。

材料 （2人分）

むきえび… 200g
塩・こしょう…各適量
片栗粉…大さじ3
サラダ油…大さじ4
Ⓐ ┌ マヨネーズ…大さじ4
　 │ ケチャップ・砂糖・しょうゆ・酢
　 └ …各小さじ1
青ねぎ（小口切り）・白ごま … 各適量

作り方

1 フライパンにえびを入れ、塩、こしょうをふり、片栗粉を加えて全体にまぶす。

2 サラダ油を回しかけて中火にかけ、揚げ焼きにして油をきる。

3 ボウルにⒶを混ぜ合わせ、**2**を加えて和える。

4 器に盛り、青ねぎ、白ごまを散らす。

ずぼらポイント

油を回しかけて揚げ焼きにすると油の後処理も楽です。

これ
ヤバい…

絶品ちくマヨ

切り込みを入れると見た目もえび風(笑)。
冷めてもおいしいので、お弁当のおかずにももってこい！

材料 （2人分）

ちくわ… 5本
塩・こしょう…各適量
片栗粉…大さじ3
サラダ油…大さじ2
Ⓐ ┌ マヨネーズ…大さじ4
　 │ ケチャップ・砂糖・
　 │ しょうゆ・酢
　 └ …各小さじ1
青ねぎ（小口切り）・白ごま
　…各適量

作り方

1 ちくわは縦に切り込みを入れてから（ⓐ）、一口大に切る。

2 フライパンに**1**を入れ、塩、こしょうをふり、片栗粉を加えて全体にまぶす。サラダ油を回しかけて中火にかけ、両面焼き色がつくまでこんがり焼く。

3 ボウルにⒶを混ぜ合わせ、**2**を加えて和える。

4 器に盛り、青ねぎ、白ごまを散らす。

切り込みを入れ
ちくわを開く

ⓐ

ずぼらポイント

まな板を使わずに、キッチンバサミで切り込みを入れてもOK！

ブッ飛ぶ旨さ!

ワンパン煮込みハンバーグ

ふわふわヘルシーな豆腐入りのハンバーグ。
ケチャップベースの濃厚ソースはまさに白飯泥棒！

材料　（作りやすい分量）

Ⓐ
合いびき肉… 400g
玉ねぎ… ½個
絹豆腐… 150g
卵… 1個
パン粉… 大さじ4
牛乳… 大さじ2

Ⓑ
顆粒コンソメスープの素※… 小さじ2
塩・こしょう… 各適量
サラダ油… 大さじ2

〈ソース〉
ケチャップ… 大さじ4
酒・みりん・中濃ソース… 各大さじ2
バター… 10g

ピザ用チーズ・
きのこ類（しめじ、
えのきたけなど）
… 各適量

※コンソメは固形1個分
を砕いて使ってもOK。

作り方

**豆腐の水分で
ゆるめのタネが
ふわふわの
ポイント！**

1 フライパンにⒶ、Ⓑを入れ、粘りけが出るまでこねる。6等分にし、空気を抜くように丸めて形を整え、フライパンに並べる。

2 サラダ油を回しかけて中火にかける。両面焼き色がついたら、きのこを加えてふたをし、弱火にして5分加熱する。

**ソースも
フライパンの中で
混ぜる！**

3 真ん中を空けてソースの材料を入れ、混ぜ合わせる。

4 スプーン等を使ってソースをハンバーグに回しかけ、チーズをのせ、ふたをして1分加熱する。

＼作ってみた人の声／
フライパンで全部済ませる、めっちゃ楽やったで——!!

ブッ込む
だけ！

ひき肉だけ
ハンバーグステーキ

こねる気力もないときは、ひき肉をパックからそのままドンッ！と出して
焼くだけ。にんにくをきかせたしょうゆベースのタレでいただく、肉々しい一品。

材料　（作りやすい分量）

合いびき肉…500g
塩・こしょう…各適量

〈ソース〉
しょうゆ…大さじ4
酒・みりん…各大さじ2
にんにく（チューブ）…3㎝

サラダ油…大さじ2
つけ合わせの野菜（にんじん、
　じゃがいもなど）…適量

作り方

切り方は適当で
OK!

1

フライパンにサラダ油を中火で熱し、ひき肉をパックからひっくり返して入れる。フライ返しで押しつけ、塩、こしょうをふる。

2

フライ返しで適当な大きさに切り分け、さらに押しつけながら焼く。焼き色がついたら裏返し、弱火にして5分焼く。

3
野菜を焼くのが
めんどうなら、
レンチンだけでも！

つけ合わせの野菜は食べやすく切り、やわらかくなるまで電子レンジで加熱して**2**に加える。

4

焼き色がつき、ハンバーグに火が通ったら器に盛る。同じフライパンにソースの材料を入れてひと煮立ちさせ、回しかける。

＼作ってみた人の声／
ハンバーグとステーキの中間のような食感。手を汚さずに作れるのがすごい！

止まらない…

さつまいも
塩バター

食べすぎ必至！ カリッ！ほくっ！の食感も楽しいメニュー。
アイスクリームを添えて、スイーツとして食べるのもおすすめ！

材料　（2人分）

さつまいも…1本
サラダ油…大さじ2

A
┌ バター…10g
│ 砂糖…大さじ1
└ 塩…小さじ1

作り方

1

さつまいもは食べやすい大きさに切る。

2

水になんて
さらしません！

フライパンにサラダ油を中火で熱し、1を両面焼き色がつくまでこんがり焼く。

3

ふたをし、やや弱火にして2分ほど蒸し焼きにする。

4

最初からバターで
焼くと焦げやすいので、
あと入れに！

Aを加えて絡める。

＼作ってみた人の声／
作りました！ 食べすぎました…（笑）。

秒でなく
なる！

じゃが塩バター

塩味のフライドポテトに飽きたらこんなアレンジはいかが？
ほんのり甘じょっぱい、幸せのバター味。

材料　（2人分）

じゃがいも…3個
サラダ油…大さじ2
Ⓐ ┌ バター…10g
　│ 砂糖…大さじ1
　└ 塩…小さじ1

作り方

1 じゃがいもは皮をむき、食べやすい大きさに切る。

2 耐熱容器に**1**を入れ、ラップをして電子レンジで5分加熱する。

3 フライパンにサラダ油を中火で熱し、**2**を両面焼き色がつくまでこんがり焼く。

4 Ⓐを加えて絡める。

ずぼらポイント

　じゃがいもは焼く前にレンチンして焼き時間短縮！

これヤバい…

かぼちゃ塩バター

かぼちゃは煮物と天ぷらだけ…なんてもったいない！
塩バター味はホクホク甘いかぼちゃとも好相性です。

材料 （2人分）

かぼちゃ…¼個
サラダ油…大さじ2
┌ バター… 10g
Ⓐ 砂糖…大さじ1
└ 塩…小さじ1

作り方

1 かぼちゃは1cm厚さの一口大に切る。

2 フライパンにサラダ油を中火で熱し、**1**を両面焼き色がつくまでこんがり焼く。

3 Ⓐを加えて絡める。

ずぼらポイント
かぼちゃは薄めに切ると火の通りも早くなります。

29

第**4**位

秒でなくなる！

30

のり塩れんこんチップス

みんな大好き、のり塩味！一度つまみ食いしたらもう止まりません。
おやつにも、お酒のつまみにもぴったり。

材料 （2人分）

れんこん … 10cm
Ⓐ 片栗粉・青のり…各大さじ2
　 顆粒鶏がらスープの素…小さじ1
サラダ油…大さじ2

作り方

1

れんこんは皮をむき、0.5cm厚さの輪切りにする。

2

ポリ袋に1、Ⓐを入れる。

3

ポリ袋で
まぶせば
手が汚れない！

空気を入れて袋の口をとじ、よく振って全体にⒶをまぶす。

4

焼き上がりの目安は
茶色くなったかな？
ぐらいの適当加減

フライパンにサラダ油を弱火で熱し、2を両面軽く焼き色がつくまで焼く。

╲ 作ってみた人の声 ╱

つまみ食いが止まらず…。家族にも大好評でした！

のり塩チキン

淡白な鶏むね肉も、のり塩味でやみつきに。
マヨネーズを加えることで、お肉がやわらかく仕上がります。

材料 （2人分）

鶏むね肉…2枚
マヨネーズ…大さじ1
┌ 片栗粉・青のり…各大さじ1
Ⓐ 薄力粉・水…各大さじ2
└ 塩…ふたつまみ
サラダ油…大さじ2

作り方

1 鶏肉は一口大に切る。ポリ袋に鶏肉、マヨネーズを入れ、よく揉み込む。

2 Ⓐを加え、さらによく揉んで全体にまぶす。

3 フライパンにサラダ油を中火で熱し、2を両面焼き色がつくまでこんがり焼く。

ずぼらポイント

焼いているときは、あまり触らずほったらかしでおいしさUP。

混ぜるだけ！

のり塩豆腐せんべい

ダイエット中はこれ！ 小腹が空いたら、おやつに手を伸ばす前に
ヘルシーな豆腐せんべいを作ってみては？

材料　（2人分）

絹豆腐…150g
ごま油…大さじ1
青のり・顆粒鶏がらスープの素
　　…各小さじ1
塩…適量

作り方

1. 耐熱皿にクッキングシートを敷いて、材料をすべて入れる。よく混ぜ（a）、生地を薄く広げる。

2. 電子レンジで10分加熱して一度取り出す。裏返し、やわらかいところがあれば、さらに3分加熱する。

ぐちゃぐちゃに
混ぜる

ずぼらポイント

くっつき防止のため耐熱皿にクッキングシートを敷くから洗い物が減らせる！

止まらない…

のり塩ポテト

のり塩味のポテチ好きの人は作ってみて〜。
たくさん作ってもペロッと食べられちゃうおいしさ。

材料 （作りやすい分量）

じゃがいも…4個
┌ バター…10g
Ⓐ 青のり・塩
└ …各適量
サラダ油…大さじ2

作り方

1 じゃがいもは皮つきのままくし形切りにする。10分ほど水にさらし、水けをきる。

2 耐熱容器に**1**を入れて、ラップをして電子レンジで5分加熱する。

3 フライパンにサラダ油を中火で熱し、**2**を両面焼き色がつくまでこんがり焼く。Ⓐを加えてよく混ぜ合わせる。

ずぼらポイント

フライパンの代わりにトースターでもOK。レンチンしたじゃがいもにⒶをかけて、5分ほど加熱して。

これヤバい！

のり塩大根もち

大根もちにピザ用チーズを加えて、とろ～りとろけるおいしさ！
ちょっと胃が疲れているときもこれなら食べられそう！

材料 （2人分）

大根…10cm

A
青のり・顆粒コンソメスープの素
…各小さじ1
片栗粉…大さじ5
ピザ用チーズ…適量

サラダ油…大さじ2

作り方

1 大根は皮をむき、すりおろす。

2 ボウルに1、Aを加えて、よく混ぜる。

3 フライパンにサラダ油を中火で熱し、2をスプーンで丸く落とす。両面焼き色がつくまでこんがり焼く。

ずぼらポイント

水分多めの大根で生地がゆるくても、片栗粉の量を増やして調節できる！

旨すぎて
無限！

フライドえのき

鶏肉の唐揚げ超え!? 肉好きの息子の絶賛レシピ！
カリカリになるまで動かさず、強めの中火でしっかり揚げ焼きにしてください。

材料　（2人分）

えのきたけ…1袋

A
┌ にんにく・しょうが（チューブ）…各3㎝
│ 顆粒鶏がらスープの素・
└ しょうゆ・ごま油…各小さじ1

片栗粉…大さじ5
サラダ油…大さじ2

作り方

1

袋の上から
切り落とすと
袋も開いて
一石二鳥！

えのきは石づきを切り落として
小房に分ける。

2

ポリ袋に A を入れ、よく揉んで
混ぜる。

3

1 を加えてよく揉み込み、片栗
粉を加えて全体にまぶす。

4

カリッとするまで
いじらない

フライパンにサラダ油を強めの
中火で熱し、3 を両面カリッと
するまで焼く。

作ってみた人の声

めちゃくちゃ簡単！ おいしくて、まさに無限えのき！

フライドまいたけ

まいたけの旨みがじゅわ〜っと口の中に広がる！
きのこの中では一番鶏肉の唐揚げに近い食感に仕上がります。

これヤバい…

材料　（2人分）

まいたけ… 1パック

Ⓐ
- にんにく・しょうが（チューブ）
　…各3cm
- 顆粒鶏がらスープの素・
　しょうゆ・ごま油…各小さじ1

片栗粉…大さじ5
サラダ油…大さじ2

作り方

1 まいたけは食べやすい大きさにさく。

2 ポリ袋にⒶを入れ、よく揉んで混ぜる。

3 **1**を加えてよく揉み込み、片栗粉を加えて全体にまぶす。

4 フライパンにサラダ油を中火で熱し、**3**を両面カリッとするまで焼く。

ずぼらポイント

　まいたけに調味料を揉み込むときは、つぶさないようにがんばりすぎないで！

秒でなく
なる！

フライドオクラ

子どもたちから「もっとおかわり～！」と、足りないコールが必ず聞こえる、
人気メニュー。オクラの下処理不要の作り方。

材料 （2人分）	作り方

材料 （2人分）

オクラ… 10本

A ┌ にんにく・しょうが
  │ 　（チューブ）…各3㎝
  │ 顆粒鶏がらスープの素・
  │ しょうゆ・ごま油
  └ 　…各小さじ1
片栗粉…大さじ5
サラダ油…大さじ2

作り方

1 オクラはヘタとガクを切り落とし、縦半分に切る。

2 ポリ袋に**A**を入れ、よく揉んで混ぜる。

3 **1**を加えてよく揉み込み、片栗粉を加えて全体にまぶす。

4 フライパンにサラダ油を中火で熱し、**3**を揚げ焼きにする。

ずぼらポイント

やる気が出たら板ずりするとさらに食感UP！

止まらない…

フライドごぼう

一口サイズでパクパク食べられる無限おつまみ。
ごぼうのクセも揚げ焼きにすれば気になりません。

材料 （2人分）

ごぼう…30cm

A
- にんにく・しょうが
 （チューブ）…各3cm
- 顆粒鶏がらスープの素・
 しょうゆ・ごま油
 …各小さじ1

片栗粉…大さじ5
サラダ油…大さじ2

作り方

1 ごぼうはアルミホイルで皮をこそ
 げ取り（a）、一口大に切る。

2 ポリ袋にAを入れ、よく揉んで混
 ぜる。

3 1を加えてよく揉み込み、片栗粉
 を加えて全体にまぶす。

4 フライパンにサラダ油を中火で熱
 し、3を揚げ焼きにする。

皮むきは
アルミホイルで！

a

ずぼらポイント

アルミホイルがごぼうのでこぼこにフィットして、きれいに皮がむける！

皮のまま

フライド長いも

片栗粉を2回に分けてまぶすことで、サクサクに仕上がります。
長いもは生でも食べられるので、表面さえ焼き色がつけばOK！

材料　（2人分）

長いも … 10㎝

A 〔
　にんにく・しょうが（チューブ）
　　…各3㎝
　顆粒鶏がらスープの素・
　　しょうゆ・ごま油…各小さじ1
〕

片栗粉…大さじ10
サラダ油…大さじ2

作り方

1 長いもは一口大に切る。

2 ポリ袋に **A** を入れ、よく揉んで混ぜる。

3 **1** を加えてよく揉み込み、片栗粉大さじ5を加えて全体にまぶす。さらに片栗粉大さじ5を加えてまぶす。

4 フライパンにサラダ油を中火で熱し、**3** を両面軽く焼き色がつくまで焼く。

ずぼらポイント

切り方は適当でOK！ 長いもの皮、食べられるって知ってた？

ブッ込む
だけ！

さつまいもごはん

もうやる気ない〜〜〜〜というときはこれ!! 洗ったさつまいもを
ブッ込むだけで完成！ ごま塩のほか、バターや塩昆布をのせてもおいしいです。

材料　（作りやすい分量）

さつまいも…300g　　　　塩…小さじ2
米…3合　　　　　　　　バター・ごま塩…各適宜
酒…大さじ1

作り方

1

調味料は
さつまいもで
混ぜちゃえ〜

炊き上がりは
こんな感じ！

炊飯器に研いだ米、酒、塩を入
れ目盛りまで水を加える。洗っ
たさつまいもで軽く米を混ぜる。

2

さつまいもを米の上にのせ、炊
飯する。炊きあがったら、しゃ
もじでさつまいもを好みの大き
さに切り分ける。

3

しゃもじで
切って
ええんやで…

全体をさっくりと混ぜて、器に
盛り、好みでバターをのせ、ご
ま塩をふる。

＼作ってみた人の声／
調理法にウケて元気出た。やる気ないのにおいしいってサイコー！

混ぜる
だけ！

ワンパンチーズチヂミ

とろりとしたチーズと豆腐のふわふわ、もちもち食感でおいしいチヂミ！
ヘルシーなのでダイエット中にも罪悪感なく食べられます。

材料　（2人分）

- 木綿豆腐… 150g
- Ⓐ 卵… 1個
- もやし… ½袋

- 片栗粉… 大さじ4
- Ⓑ 顆粒鶏がらスープの素
  … 小さじ1
- ピザ用チーズ… 適量

- にら… ½束
- ごま油… 大さじ4
- 〈タレ〉
- ポン酢しょうゆ… 大さじ2
- 白ごま… 適量

作り方

1

豆腐の水きり不要！
チーズは好きなだけ
投入！

フライパンにⒶ、Ⓑを入れる。
にらはキッチンバサミで3cm長
さに切りながら加える。

2

ポリ手袋を
はめて手で混ぜる！

よく混ぜ合わせる。

3

丸く形を整え、ごま油大さじ2
を回しかけて中火にかける。カ
リッとなるまで焼けたら裏返す。

4

さらにごま油大さじ2を回しか
け、裏面も同様にカリッとなる
まで焼き、器に盛る。タレの材
料を混ぜ合わせて添える。

作ってみた人の声

短時間で簡単に作れて、しかもボリューミー。感動しました！

ブッ飛ぶ旨さ！

味噌マヨちくわ

大人のおつまみにも、子どものおかずにも、どちらでも喜ばれる味つけ！
レンチンしたじゃがいもに和えると、いつもと違うポテサラに。

材料　（2人分）

ちくわ…5本
片栗粉…大さじ4
サラダ油…大さじ2

Ⓐ 味噌・マヨネーズ・
　酢…各大さじ1
白ごま・青ねぎ（小口切り）…各適量

作り方

1

キッチンバサミで
切りながら入れる、
が正解です

ちくわは一口大に切ってフライ
パンに入れる。片栗粉を加え、
全体にまぶす。

2

粉を入れすぎたら、
キッチンペーパーで
拭いて調節！

サラダ油を回しかけて中火にか
ける。

3

両面焼き色がつくまでこんがり
焼く。

4

ボウルにⒶを入れて、よく混ぜ、
3を加えて和える。器に盛り、
白ごま、青ねぎを散らす。

作ってみた人の声

たまらん───!! ちくわ安いし最高!!

47

カリッ!!とろ〜り

チーちく餃子

ずぼらテク満載！ 餃子の皮を使って、いつものチーちくを
カリッカリに仕上げます。のび〜るチーズも楽しくておいしい！

材料 （作りやすい分量）

餃子の皮… 8枚　　　　　　　　塩・こしょう…各適量
ちくわ… 4本　　　　　　　　　サラダ油…大さじ1
さけるタイプのチーズ… 1本

作り方

1

フライパンが
作業台！

フライパンに餃子の皮を並べる。
ちくわはキッチンバサミで縦に
切り込みを入れる。チーズは4
切れにさく。

2

ちくわの穴にチーズを詰め、長
さを半分に切る。餃子の皮にの
せ、塩、こしょうをふり、餃子
の皮のふちに水をつけて巻く。

3

油は餃子の皮で
広げちゃえ！

フライパンにサラダ油を入れ、
2で全体にぬり広げる。

4

とじ目を下にして中火にかけ、
皮がパリッとするまで両面焼く。

＼ 作ってみた人の声 ／

餃子の皮が余ったので作ってみました！ チーズおつまみ最高！

第**10**位

ブッ叩くだけ！

BIGスイートポテト

別に丸めなくてもよくない？ そのまんま焼くだけで、優しい甘さの
スイートポテトになります。食べたい分だけ切り分けて召し上がれ。

材料　（作りやすい分量）

さつまいも…200g
Ⓐ ┌ バター・砂糖※…各20g
　 └ 牛乳…20㎖

卵黄…1個分
黒ごま…適量

※砂糖を計量するのがめんど
　うなときはは大さじ1〜2
　を目安に

作り方

水に
さらさないと
固くなる
ので注意！

さつまいもは皮をむき、適当な
大きさに切る。耐熱性のポリ袋
に入れ、水を加えて5分さらす。

ミトンをはめた
手でブッ叩く！

水を捨て、電子レンジで5分加
熱し、熱いうちにⒶを加える。
粗熱がとれたら、叩いたり、揉
んだりしてなめらかにする。

袋の上から形を整え、アルミホ
イルを敷いた天板に出す。

溶きほぐした卵黄を塗り、黒ご
まを散らす。トースターで焼き
色がつくまで5〜8分焼く。

＼作ってみた人の声／

分量が2ばかりで覚えやすい！ 手が汚れないで作れてよかったです！

必見！ 洗い物を減らすコツ

食器洗いは好きですか？ 私は大嫌いです（笑）。
毎回の調理時に出る洗い物を減らすための工夫をご紹介します。

キッチンバサミをフル活用！

大きくて洗いにくいまな板はなるべく使いたくありませんよね？ キッチンバサミで切れるものはなるべくキッチンバサミを使って。

食材で混ぜる

調味料を混ぜるためだけに、お箸やスプーンを使うなんてもったいない！ その料理に入れる材料を使って混ぜてしまいましょう。

ボウルは使わない

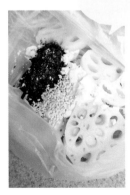

かさばるボウルもなるべく洗いたくないものの代表格。混ぜる作業はボウルの代わりにポリ袋やフライパンにおまかせ！

「○○だけ」にこだわる

フライパンだけ、レンチンだけ、炊飯器だけ、など調理器具1つ縛りにこだわれば、洗い物も減らせるし、調理も簡単で一石二鳥！

これ簡単すぎ！

鬼リピ
肉おかず

メインはやっぱりお肉でしょ！
ガッツリ系からヘルシーなレシピまで、
バリエーション豊かにご紹介します。
大きくドーン！とダイナミックに作るのが、るみる流。

鶏もも肉

旨みジュワ〜が
たまらない！

これ
ヤバい…

ジューシーチキン

誰でも鶏肉がパリパリ、肉汁じゅわ〜！に仕上がります。ハーブソルトが
ない場合は、シンプルに塩、こしょうで味つけしてもおいしい。

材料 （2人分）

鶏もも肉…2枚　　　　好みのつけ合わせ野菜…適宜
ハーブソルト…適量
サラダ油…大さじ1

作り方

1

鶏肉はフォークで数か所刺し、
両面にハーブソルトをしっかり
ふる。

2

> 重しは鍋ややかんで。
> ひっくり返さないように
> 注意してください！

フライパンにサラダ油を強火で
熱し、**1**を皮目から入れる。ア
ルミホイルをかぶせて、重しを
のせる。

3

焼き色がつくまで2分ほど焼く。
裏返してふたをし、やや弱火に
して3分蒸し焼きにする。

4

> 余熱で中まで
> 火を通す！

火を止め、5分ほど余熱で火を
通す。器に盛り、好みの野菜を
添える。

＼ 作ってみた人の声 ／

味噌汁〜〜!!（笑）皮パリパリでおいしそうです！

鶏もも肉

ブッ込むだけ！

塩麹チキン

漬けて焼くだけ！ みょうがと大葉でさっぱりとお肉をいただくレシピです。
薬味が苦手な子どもたちにも大好評！

材料　（2人分）

鶏もも肉… 2枚
塩麹… 大さじ3
みょうが… 1本
大葉… 5枚
サラダ油… 大さじ1

作り方

1 鶏肉は一口大に切って、塩麹に10分以上漬けておく。みょうがと大葉はせん切りにする。

2 フライパンにサラダ油を中火で熱し、鶏肉を皮目から焼く。

3 焼き色がついたら裏返し、ふたをしてやや弱火にし、2分ほど蒸し焼きにする。

4 器に盛り、みょうが、大葉をのせる。

ずぼらポイント

時間があれば、鶏肉は前の晩から塩麹に漬けてほったらかしにしておくともっとおいしい！

地味ですがなにか？

のりまみれチキン

見た目はめちゃくちゃ地味〜〜だけど、のりの旨みがいい仕事してくれます。
味つけのりに塩分があるので、塩、こしょうは少なめでOK。

材料 （2人分）

鶏もも肉…2枚
味つけのり…20枚
酒…大さじ2
塩・こしょう…各適量
サラダ油…大さじ1

作り方

1 鶏肉はフォークで数か所刺し、両面に塩、こしょうをふって一口大に切る。

2 フライパンにサラダ油を中火で熱し、**1**を皮目から入れる。焼き色がついたら裏返し、のりをちぎりながら加える。

3 酒を加えてふたをし、弱火にして5分ほど蒸し焼きにし、器に盛る。

4 フライパンに残ったのりと肉汁を軽く煮詰めてソースにし、**3**に回しかける。

ずぼらポイント

残ったのりと肉汁だけで、旨みたっぷりのソースが完成！

チキンと根菜の甘酢炒め

さつまいものホクホク、れんこんのシャキシャキ食感が楽しめる甘酢炒めです。
具材は、好みで旬の野菜にチェンジしてもOK。かぶ、たけのこなどもおすすめです。

米が止まらん

材料 （作りやすい分量）

鶏もも肉…1枚
れんこん…5㎝
さつまいも…1本
Ⓐ┌ にんにく（チューブ）…3㎝
 └ しょうゆ・酒…各大さじ1
片栗粉…大さじ5
サラダ油…大さじ4
Ⓑ┌ 砂糖・しょうゆ・酢
 └ …各大さじ2

作り方

1 鶏肉は一口大に切る。れんこんは縦半分に切って1㎝厚さの半月切り、さつまいもは1㎝厚さの輪切りにする。

2 ポリ袋に鶏肉、Ⓐを入れて揉む。れんこん、さつまいも、片栗粉を加え、全体にまぶす。

3 フライパンにサラダ油を中火で熱し、**2**を揚げ焼きにする。

4 両面焼き色がつくまでこんがり焼けたら端に寄せ、Ⓑを加えて混ぜ合わせ、絡めながら炒める。

ずぼらポイント

　　れんこんもさつまいもも、皮はむかずに切るだけ！

ブッ込むだけ！

ローストチキン

材料を切って入れたら、あとはオーブンにおまかせ！
取り合いになること間違いなしのごちそうメニューです。

材料 （2人分）

鶏もも肉…1枚
好みの野菜（かぶ、ピーマン、
　　パプリカ、ミニトマトなど）
　　…適量
ハーブソルト…適量
オリーブオイル…大さじ3

作り方

1 オーブンは200℃に予熱しておく。野菜は食べやすい大きさに切る。

2 耐熱容器に野菜を入れ、鶏肉を皮目を下にしてのせる。フォークで鶏肉を数か所刺し（**a**）、ハーブソルトをしっかりふる。鶏肉を裏返し、さらにハーブソルトをふる。

3 オリーブオイルを回しかけ、オーブンで35〜40分焼く。

耐熱容器に入れてから刺す！

ずぼらポイント

鶏肉で野菜にふたをするので、野菜はしっとり、鶏肉はジューシーに仕上がる！

鶏むね肉

しっとり
仕上げるのがミソ

ブッ飛ぶ
旨さ！

フライドチキン

某ファーストフードが食べたくなったら、代わりにこれ！
時間があれば、下味をつけてから10分以上おくとさらにおいしく！

材料 （2人分）

鶏むね肉… 2枚

A
 ┌ マヨネーズ…大さじ3
 │ 顆粒コンソメ・ハーブソルト…各大さじ1
 │ にんにく（チューブ）…3cm
 └ 牛乳…30ml

片栗粉・小麦粉…各大さじ8
サラダ油…大さじ4
好みのつけ合わせ野菜…適宜

作り方

1

キッチンバサミでブッ刺す！

ポリ袋にＡを入れ、手で揉む。鶏肉はキッチンバサミで数か所刺し、大きめの一口大に切ってポリ袋に加えて揉み込む。

2

切ったポリ袋もゴムでとめれば、まだ使える！

ポリ袋の端を切って水分を捨て、切った端を輪ゴムでとめる。

3

片栗粉、小麦粉を加え、全体にまぶす。

4

フライパンにサラダ油を中火で熱し、**3**を両面焼き色がつくまでこんがり焼く。器に盛り、好みの野菜を添える。

＼ 作ってみた人の声 ／
間違いないやつ！ 少ない油なのにサクッとできました！

止まらない…

チキンカツ

衣つけ簡単、洗い物も極限まで減らしました。つけ合わせは
好みのサラダ野菜のほか、のり塩ポテト（P.34）がおすすめ。

材料　（2人分）

鶏むね肉…2枚
塩・こしょう…各適量
Ⓐ 小麦粉・マヨネーズ・
　　牛乳…各大さじ2
パン粉…大さじ5
サラダ油…大さじ4
好みのつけ合わせ…適宜

作り方

1 鶏肉は一口大に切る。ポリ袋に鶏肉、塩、こしょうを入れて揉み込み、Ⓐを加えてさらによく揉む。

2 フライパンにパン粉大さじ2½を広げ、1をおき、さらにパン粉大さじ2½をかけて全体にまぶす（ⓐ）。

3 サラダ油を回しかけて中火にかけ、揚げ焼きにする。器に盛り、好みのつけ合わせを添える。

追いパン粉する！

ずぼらポイント

　先にパン粉を広げておくことで、鶏肉をひっくり返さず衣をつけられる！

ブッ込むだけ！

鶏となすのみぞれ煮

鶏むね肉となすをさっぱり食べられるみぞれ煮です。
味つけはめんつゆを使えば、失敗知らずで誰でもおいしく作れますよ。

材料　（2人分）

鶏むね肉…1枚
なす…3本
大根…⅓本
片栗粉…大さじ3
ごま油…大さじ3
Ⓐ
　めんつゆ（4倍濃縮）…大さじ3
　しょうが（チューブ）…3㎝
　水…150㎖
糸唐辛子…適宜

作り方

1 鶏肉となすは一口大に切る。大根はすりおろす。

2 フライパンに鶏肉となす、片栗粉を入れて全体にまぶす。ごま油を回し入れて中火にかけ、全体に焼き色をつける。

3 Ⓐと大根おろしを加え、ひと煮立ちさせる。器に盛り、好みで糸唐辛子を飾る。

ずぼらポイント
大根は皮をむかずにそのまますりおろして！

63

鶏ささみ

低カロ＆高たんぱく
といったらこれ！

これ
ヘルシー！

ささみの大葉チーズ巻き

巻いてレンチンするだけ！ ヘルシーなささみも、食べ応えのあるおかずに。
大葉が余ったら器に敷いちゃって！

材料 （2人分）

鶏ささみ…6本
大葉…6枚
スライスチーズ…3枚
酒…大さじ1
塩・こしょう…各適量

作り方

1 ささみはラップをかぶせ、瓶の底などで
叩いて薄くし（a）、ラップを外して塩、
こしょうをふる。チーズは半分に切る。

2 ささみに大葉、チーズをのせ、くるくる
と巻いて、耐熱容器に入れる。

3 酒を回しかけ、ラップをして電子レンジ
で2分加熱する。

4 ラップを外してささみを裏返し、ラップ
を戻しかけ、電子レンジでさらに1分加
熱する。半分に切って器に盛る。

ブッ叩く！

a

ずぼらポイント

そのへんにある瓶でブッ叩いてのばしてください…（笑）。

混ぜる
だけ！

ささみのごまマヨ和え

レンチンで出てきた水分はしっかりきるのがおいしく作るコツ。
よりお手軽に市販のごまドレッシングで味つけをしても。

材料　（2人分）

鶏ささみ…3本
にんじん…1本
酒…小さじ1
Ⓐ ┌ すりごま・マヨネーズ・
　　　めんつゆ…各大さじ2
　　└ 酢…小さじ1

作り方

1 耐熱容器にささみを入れ、酒を加える。ラップをして電子レンジで1分加熱する。

2 ラップを外してささみを裏返し、にんじんをピーラーで薄切りにしながら加える。ラップを戻しかけ、電子レンジでさらに2分加熱する。

3 水分を捨て、キッチンペーパーでおさえ、ささみを食べやすい大きさにさく。

4 Ⓐを加えて和える。

ずぼらポイント

にんじんはピーラーで薄切りにすると熱の通りも早い！

豚肉

いろんな料理に
大変身！

反則級の
旨さ…

豚バラチャーシュー

炊飯器にブッ込むだけ！「うんまぁ〜」しか聞こえてきません。
チャーシュー丼にして、ガッツリ食べてもおいしい。

材料　（作りやすい分量）

豚バラブロック肉… 300g

Ⓐ
- しょうゆ… 大さじ5
- 砂糖・酒・みりん… 各大さじ3
- にんにく・しょうが（チューブ）… 各5㎝
- 水… 100㏄

卵… 4個
青ねぎ（小口切り）… 適宜

作り方

1

卵はゆでておく。豚肉は両面を数か所フォークで刺す。

2

豚肉で混ぜる！

炊飯器にⒶを入れて混ぜる。

3

材料入れたらほったらかし！

豚肉を加え、アルミホイルをかぶせて通常の炊飯モードで加熱する。

4

ふたを開けてアルミホイルを外し、豚肉を裏返す。殻をむいたゆで卵を加え、10分保温する。器に盛り、好みで青ねぎを散らす。

作ってみた人の声

これはおいしい！ 何回も作っています！

これヤバい…

レンチン豚もやポン

ダイエット中の方におすすめのテキトー飯。もやし、えのき、
豚肉の順でのせると、お肉の旨みを吸った野菜がおいしい！

材料 （1人分）

豚バラ薄切り肉… 5枚
もやし…½袋
えのきたけ…½袋
ぽん酢しょうゆ…適量

作り方

1 耐熱容器にもやし、えのき、豚肉の順に重ねて入れる。

2 ラップをして（**a**）、電子レンジで5分加熱し、ぽん酢を添える。

これでレンチン！

a

ずぼらポイント

　　　　重ねる順番さえ間違わなければ、誰でもおいしく作れる！

ブッ込む
だけ！

ヘルシー肉豆腐

体によさそうなものをブッ込むだけ！ 豆腐も入って、お腹も満足。
最後の1滴までおいしい、汁だく肉豆腐です。

材料　(1人分)

絹豆腐… 150g
豚バラ薄切り肉… 5枚
もやし・しめじ
　…各ひとつかみ
Ⓐ ┌ 白だし…大さじ1
　└ 水… 120㎖
青ねぎ (小口切り)…適量

作り方

1 耐熱容器にもやし、豚肉、豆腐、しめじを順に入れ、Ⓐを加える。

2 ラップをして電子レンジで5分加熱し、青ねぎを散らす。

ずぼらポイント
豆腐はパックから直接、ドンッとのせる！

折りたたむだけ！

バズり棒餃子

今までの手間はなんだった!? 包まないから楽ちん棒餃子。
これならいくらでも作って、お腹いっぱい食べられる!

材料 （2人分）

餃子の皮… 12枚
豚バラ薄切り肉… 6枚
大葉… 12枚
スライスチーズ… 6枚

サラダ油…大さじ1
ぽん酢しょうゆ…適量

作り方

1

フライパンに
直接おいちゃって!

豚肉とチーズは半分に切る。フライパンに餃子の皮を広げ、大葉、チーズ、豚肉を順にのせる。

2

両端を折りたたむ
だけなので、
失敗しない!

皮の両側を中央に向かって折り、片側に水をつけてとじる。

3

2をとじ目を下にして並べ、サラダ油を回しかけて中火にかけ、水20mℓを加え、ふたをして蒸し焼きにする。

4

ふたを取り、餃子を裏返す。両面に焼き色がついたら器に盛り、ぽん酢を添える。

＼作ってみた人の声／

こんな餃子なら気楽。いろんな具材の組み合わせを試してみたい!

71

肉巻き

野菜もたくさん
食べられる！

ブッ飛ぶ
旨さ！

肉巻きキャベツ

キャベツをそのまんまお肉で巻いちゃえ〜。豪快だけど、カロリーは控えめ。
韓国風のピリ辛ダレが合います。

材料　（2人分）

キャベツ…1/4個
豚バラ薄切り肉…8枚
小麦粉…大さじ4
塩・こしょう…各適量
サラダ油…大さじ2
酒…大さじ2
Ⓐ
┌ コチュジャン…大さじ2
│ 白ごま・しょうゆ・
└ 　はちみつ…各大さじ1

作り方

1 Ⓐはよく混ぜておく。豚肉は塩、こしょうをふる。キャベツは4等分のくし形に切り、豚肉を2枚ずつ巻く（ⓐ）。

2 フライパンに小麦粉大さじ2を広げ、豚肉を巻いたキャベツをのせる。さらに小麦粉大さじ2をふり、サラダ油を回しかけて中火にかける。

3 焼き色がついたら裏返し、酒を加えてふたをし、やや弱火にして8分加熱する。

4 器に盛り、混ぜ合わせたⒶをかける。

ぐるぐるっと
巻く！

ⓐ

ずぼらポイント

　　小麦粉は半量を先に広げておいて、残りは上からふりかける！

これ
ヤ
バ
い
…

肉巻きレタス

肉の旨みを吸ったレタスは最強!! 1本のサイズが巨大ですが、
ペロッと食べられます。

材料 （2人分）

豚バラ薄切り肉…16枚
レタス…10枚
塩・こしょう…各適量
小麦粉…大さじ4

A ┌ しょうゆ・酒・みりん
  │ …各大さじ2
  └ 砂糖…小さじ2

サラダ油…大さじ1

作り方

1 ラップを広げ、豚肉8枚を少しずつ重ねながら並べて塩、こしょうをふる。手前に食べやすくちぎったレタスをおき、巻き寿司の要領でラップを持ち上げながら、くるくると巻いていく。同様にもう1本作る。

2 フライパンに小麦粉を広げ、**1**を入れて全体にまぶす。サラダ油を回しかけて、やや強火にかける。焼き色がつくまでこんがり焼き、キッチンペーパーで余分な油を拭く。

3 **A**を加え、煮詰めながら肉巻きに絡ませる。器に盛り、キッチンバサミで食べやすいサイズに切る。

ずぼらポイント

焼いているうちにくずれてきたら、キッチンバサミでカットしちゃえばOK。

やみつきヘルシー

チーズ肉巻き長いも

ボリューム満点なのに中身は長いもだからヘルシー。焼肉のタレを使って
味つけはガッツリ系に仕上げました。もちろん長いもは皮つきのままで。

材料 （2人分）

豚ロース薄切り肉…12枚
長いも…8㎝
大葉…12枚
スライスチーズ…3枚
小麦粉…大さじ2
焼肉のタレ…大さじ3
サラダ油…大さじ2
白ごま…適量
好みのつけ合わせ野菜…適宜

作り方

1 長いもは2㎝厚さの輪切りにし、さらに3等分に切る。チーズは4等分に切る。

2 フライパンに豚肉1枚を広げ、手前に大葉1枚、チーズ、長いも各1切れをのせて、くるくると巻く。同様に全部で12本作る。

3 小麦粉を加えて全体にまぶし、サラダ油を回しかけて中火にかける。

4 両面焼き色がつくまでこんがり焼き、焼肉のタレを加えて絡める。器に盛り、白ごまをふり、好みの野菜を添える。

ずぼらポイント

お肉を巻くのはフライパンの上で！

これヤバい…

チーズ肉巻き厚揚げ

厚揚げを使うから、ボリュームが出て食べ応え抜群！
でも、罪悪感は少なめ、と、ダイエッターにもうれしいメニューです。

材料 （2人分）

豚バラ薄切り肉… 16枚
厚揚げ… 2個
大葉… 8枚
スライスチーズ… 2枚
塩・こしょう…各適量
小麦粉…大さじ2
焼肉のタレ…大さじ3
サラダ油…大さじ2
好みのつけ合わせ野菜
　…適宜

作り方

1 厚揚げ、チーズはそれぞれ4等分に切る。

2 ラップを広げて豚肉2枚を並べ、塩、こしょうをふる。手前に厚揚げ½個、大葉1枚、チーズ1切れ、厚揚げ½個の順にのせ、くるくると巻く。

3 フライパンに小麦粉を広げ、**2**を並べて全体にまぶす。サラダ油を回しかけて中火にかける。

4 両面焼き色がつくまでこんがり焼く。キッチンペーパーで余分な油を拭き、焼肉のタレを加えて絡める。器に盛り、好みの野菜を添える。

ずぼらポイント
厚揚げは油抜きしなくてもOK！

75

知らなきゃ損!!

ワンパン楽ちんつくね

包丁もまな板もボウルも使わないから、洗い物はフライパンだけ！
ひき肉は、豚でも鶏でもなんでも、特売品でOK（笑）。

材料　（作りやすい分量）

鶏ひき肉… 400g
にら… 1束
A ┌ 砂糖・しょうゆ・酒・みりん…各大さじ1
　└ にんにく・しょうが（チューブ）…各3㎝
サラダ油… 大さじ2

作り方

フライパンの中で
肉だねを混ぜて
成形！

フライパンにひき肉を入れ、に
らをキッチンバサミで小口切り
にしながら加えて、よく混ぜる。

サラダ油は
上から
回しかける

フライパンの中で8等分にして
丸め、サラダ油を回しかけて中
火にかける。

両面焼き色がついたら、ふたを
して1分蒸し焼きにする。

ふたを取り、キッチンペーパー
で余分な油を拭く。つくねを端
に寄せ、空いたところに A を加
え、煮詰めながら絡める。

＼作ってみた人の声／

ワンパンで洗い物が少ないのがうれしい！ ご飯が進みました〜。

絶対ほめられる!!

キャベツとひき肉の
ラザニア風餃子ミルフィーユ

耐熱容器に材料を重ね、レンチンするだけ!
餃子の皮を使ったアイデア褒められレシピです。

材料 (2人分)

豚ひき肉… 150g
キャベツ… 4枚
ピザ用チーズ… 適量
餃子の皮… 15枚
Ⓐ ┌ しょうゆ・酒… 各大さじ1
　 │ にんにく・しょうが
　 │ 　(チューブ)… 各5cm
　 └ 塩・こしょう… 各適量
粉チーズ・パセリ(乾燥)
　 … 各適量

作り方

1 ポリ袋に豚ひき肉、Ⓐを入れ、手で揉んで混ぜる。

2 耐熱容器にキャベツ1枚を敷き、1、チーズ、餃子の皮を各1/3量ずつ重ねる(ⓐ)。残りも同様に繰り返し、最後にキャベツをのせる。

3 ラップをして電子レンジで5分加熱する。

4 3に皿をかぶせてひっくり返し、粉チーズ、粉パセリをふる。

餃子の皮で
ラザニア風に!

ⓐ

ずぼらポイント

耐熱容器のまま、スプーンで掘って食べてももちろんOK!

実は簡単!!

蒸さないシュウマイ

蒸すとなると、ハードルが高く感じてしまうシュウマイですが、
安心してください、レンチンで作れます。

材料　（作りやすい分量）

シュウマイの皮（または
　ワンタンの皮）…30枚
┌ 豚ひき肉…400g
│ 卵…1個
│ 玉ねぎ…¼個
│ 塩…小さじ1
Ⓐ 砂糖…小さじ2
│ しょうゆ・酒・ごま油
│ 　…各大さじ1
│ しょうが（チューブ）
└ 　…5cm
レタス…適量

作り方

1 Ⓐの玉ねぎはみじん切りにする。ポリ
　袋にⒶを入れて、よく揉み込む。

2 1の袋の端を切り、広げたラップの上
　にタネをピンポン玉くらいの分量ずつ
　しぼり出し、それぞれにシュウマイの
　皮をかぶせる。皮の四隅をギュッと押
　し込み、上から手でひねるようにして
　（ⓐ）、タネをつまみ上げる。

3 レタスを敷いた耐熱容器に2を並べ、
　濡らしたキッチンペーパーをかぶせる。
　ラップをして電子レンジで6分加熱す
　る。

上からひねる！

a

ずぼらポイント

ワンタンの皮で作ってもツルッとした食感でおいしい。

ブッ飛ぶ
旨さ！

ローストビーフ

牛肉の表面を焼いたら、あとはほっとくだけ！　ごはんにのせて
どんぶりにしてもおいしい。絶品ソースと卵黄を混ぜながら召し上がれ！

材料 （作りやすい分量）	作り方

材料 （作りやすい分量）

牛もも肉（ブロック）
　…400g
塩・こしょう…各適量
Ⓐ　┌ にんにく（チューブ）
　　　…4cm
　├ しょうゆ…大さじ4
　└ 酒・みりん…各大さじ2
サラダ油…大さじ2
卵黄…1個分
青ねぎ（小口切り）…適量

作り方

1 牛肉は、塩、こしょうをたっぷりふる。

2 フライパンにサラダ油を強火で熱し、牛肉を入れて表面に焼き色をつける。

3 ふたをして弱火にし、6分蒸し焼きにして取り出す。アルミホイルで2重に包み、さらにタオルで包んで30分ほどおく（ⓐ）。

4 牛肉を取り出したフライパンにⒶを入れて煮立て、ソースを作る。食べやすい厚さに切った**3**を器に盛り、卵黄をのせ、青ねぎを散らし、ソースを回しかける。

30分放置！

a

ずぼらポイント

80　　　フライパンは洗わずに、肉の旨みをソースにいかします。

ヤバい...

止められない
絶品レシピ

思わず「たまらん!!」と声が出る、
やみつきになりそうな食感や味つけ!
止まらなくなる旨辛味や、とろ〜りとろけるチーズのレシピなど、
ヤバさに驚く絶品ばかり。

変わりピザ

ピザ生地を使わず、
おいしく再現！

これヤバい…

ライスペーパーピザ

ライスペーパーを水で戻さず、そのままフライパンにのせて焼くだけ！
あっというまにパリッと食感がクセになるピザの完成です。

材料　（2人分）

ライスペーパー… 1枚
ピザソース（市販）…適量
卵… 1個

ソーセージ… 3本
青ねぎ（小口切り）・ピザ用チーズ…各適量

作り方

1

油をひかず、
そのままイン！

フライパンにライスペーパーを
広げ、ピザソースをひと回し分
かける。

2

卵を割り入れて混ぜる。

3

ここで
火にかける！

ソーセージをキッチンバサミで
切りながら加え、青ねぎ、チー
ズを散らし、中火にかける。

4

卵の周りが固まってきたら裏返
し、フライ返しで押しつけるよ
うにしながら焼く。

＼作ってみた人の声／

ライスペーパーを焼くという発想がなかった！ グルテンフリーでいいですね。

洗い物なし!!

えびマヨ油揚げピザ

ダイエット中でもピザを食べたいなら、油揚げにおまかせ！
見た目もおしゃれなヘルシーピザです。

ケチャマヨを
えびで混ぜる！

材料 （2人分）

油揚げ…1枚
むきえび…12尾
A ┌ マヨネーズ…大さじ2
　└ ケチャップ…大さじ1
青ねぎ（小口切り）・
　ピザ用チーズ…各適量

作り方

1 油揚げにAをかけ、えびで混ぜながら塗り広げる（a）。チーズを散らし、えびをのせる。

2 オーブントースターで8分焼き、青ねぎを散らす。

ずぼらポイント

えびで混ぜると、洗い物ゼロ！

秒で作れる！

うす揚げピザ

トマトソースの代わりに味噌を使ったちょっと和なお味です。
写真はミックスタイプのピザ用チーズを使っていますが、好みのものでOK。

材料 （2人分）

油揚げ… 1枚
　Ⓐ マヨネーズ…大さじ2
　　 味噌…大さじ1
ピザ用チーズ…適量
黒こしょう…適宜

作り方

1 油揚げにⒶを塗る。

2 チーズを散らし、オーブントースターで5分
　焼き、好みで黒こしょうをふる。

ずぼらポイント

油揚げの油が気になるときは、キッチンペーパーでおさえるだけでOK！

旨さ爆発！

とろっなすピザ

なすとチーズがとろける～。
なすが苦手な子どももパクパク食べてくれるはず！

材料　（2人分）

なす…2個
オリーブオイル・酒
　…各大さじ3
塩・こしょう・
　ピザソース・
　ピザ用チーズ…各適量
パセリ（乾燥）…適宜

作り方

1 なすは縦半分に切って、断面に格子に切り込みを入れる（a）。

2 フライパンにオリーブオイルを入れ、塩、こしょうをふり、なすを断面を下にしてのせる。中火で熱し、焼き色がつくまで焼き、裏返す。

3 酒を回しかけ、ふたをして3分蒸し焼きにする。

4 ふたを開けてピザソースを塗り、チーズをのせ、溶けるまで再びふたをして加熱する。器に盛り、好みでパセリをふる。

格子に
切り込みを
入れる！

a

ずぼらポイント
フライパンの上で味を作ってからなすを投入！

旨み
じゅわ〜

ツナキムしいたけピザ

噛むと旨みがじゅわ〜。しいたけの軸も捨てずに使い切ります。
辛みが苦手な方はマヨネーズの量を増やして調整してください。

材料　（2人分）

しいたけ…6枚
ツナ缶…1缶
キムチ…20g
Ⓐ ┌ マヨネーズ…大さじ1
　 └ しょうゆ…小さじ1
ピザ用チーズ…適量

作り方

1 しいたけの軸は先端を切り落とし、残りは小さく切る。キムチはざく切りにする。

2 ボウルにキムチ、油をきったツナ、しいたけの軸、Ⓐを入れて混ぜる。

3 しいたけのかさの裏側に**2**、チーズをのせ、オーブントースターで8分焼く。

ずぼらポイント

しいたけの軸まで使い切れば生ゴミも減りますね。

ブッ飛ぶ旨さ！

そうめんのパリパリピザ

そうめん、まだ余ってる？　ゆでずに焼けば、パリッパリのピザが完成！
意外と塩けがきいているので味つけなしでOKです。

材料　（2人分）

そうめん… 1束（100g）　　こしょう…適宜
卵… 1個
ピザ用チーズ…適量

作り方

油をひかない
ことでパリパリに
仕上がる！

卵は溶きほぐしておく。フライ
パンを中火で熱し、チーズを入
れて丸く広げる。

そうめんの長さは
バラバラでも
気にしない！

そうめんは半分に折り、1にの
せる。

溶き卵を回し入れて形を整え、
裏返してふたをし、30秒蒸し
焼きにする。

ふたを取り、そうめんがパリッ
となるまで焼き、好みでこしょ
うをふる。

\作ってみた人の声/

そうめんキタ──────！ まさかフライパンで焼くとは。中の麺はしっとりしていて、おいしかったです。

旨辛レンチン

ごはんがすすむ！
韓国風ピリ辛味

旨辛味の黄金比

大さじ1 めんつゆ	大さじ1 ごま油	小さじ1 コチュジャン	3cm しょうが （チューブ）

鬼リピー！

旨辛とろっなす

コチュジャンをきかせたピリ辛のとろ〜りなすに、卵黄が絡む。
レンチン3分でできる、最高の味！

材料 （2人分）

なす…3本
卵黄…1個分
Ⓐ めんつゆ・ごま油…各大さじ1
  コチュジャン…小さじ1
  しょうが（チューブ）…3cm
青ねぎ（小口切り）・白ごま…各適量
糸唐辛子…適宜

作り方

1. なすは縦薄切りにし、5分水にさらして水けをきる。耐熱容器に入れ、ラップをして電子レンジで3分加熱する。

2. Ⓐを加えて混ぜる。白ごまを加え、さらにひと混ぜする。

3. 器に盛り、卵黄をのせ、青ねぎを散らし、好みで糸唐辛子をのせる。

ずぼらポイント

レンチンだけでとろっとしたなすが完成！

これ簡単
すぎ！

旨辛えのき

3大節約食材の1つ、えのきたけと旨辛ダレを合わせました。
韓国のりを散らすとさらにおいしいです。

材料 （2人分）

えのきたけ…1袋
卵黄…1個分
A ┌ めんつゆ・ごま油…各大さじ1
│ コチュジャン…小さじ1
└ しょうが（チューブ）…3cm
白ごま・韓国のりフレーク…各適量

作り方

1 えのきは袋の上から石づきを切り落とし、食べやすい長さに切る。

2 耐熱容器に1、Aを入れ（a）、ラップをして電子レンジで3分加熱し、よく混ぜる。

3 器に盛り、卵黄、白ごま、のりをのせる。

旨辛ダレの
材料を投入！

a

ずぼらポイント

えのきたけは袋の上から切ると扱いやすい！

チーズとろ〜り

とろけるチーズが
悪魔的おいしさ

これヤバい…

レンチンとん平焼き風

ラップを使うから、生地を二つ折りにするのも簡単！
ちなみに豚肉は入っていません！（笑）

材料　（1人分）

卵… 2個
もやし…½袋
スライスチーズ… 1枚

お好み焼きソース・マヨネーズ・かつおぶし・
　青のり・紅しょうがなど…各適宜

作り方

1

卵はラップを敷いた
お皿の上で
溶きほぐしましょ〜

ラップを広げた耐熱皿に卵を割
り入れて溶きほぐす。

2

手前にもやしをおき、半分にち
ぎったスライスチーズをのせる。

3

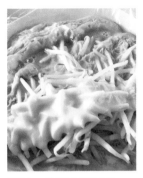

電子レンジで4分加熱する。

4

ラップの奥を持ち、
手前に折りたたむ！

ラップの奥側を持って、手前に
折りたたむ。好みでソース、マ
ヨネーズなどをかける。

作ってみた人の声

レンチンだけやん！！(笑) すご!!!

93

ブッ込むだけ！

豆腐グラタン

こんなに簡単にグラタンができるなんてすごくない〜？
好みでキムチを追加してもおいしい。

材料 （1人分）

絹豆腐… 150g

Ⓐ ┌ 卵… 1個
  │ 顆粒コンソメスープの素・
  └ マヨネーズ…各小さじ1

ピザ用チーズ…適量

パセリ（乾燥）…適宜

作り方

1 豆腐はキッチンペーパーで包み、電子レンジで3分加熱して水きりする。

2 耐熱容器に**1**、Ⓐを入れてよく混ぜ、チーズを散らす。

3 ラップをして電子レンジで3分加熱する。好みでパセリをふる。

ずぼらポイント

　ホワイトソースなしでもコンソメとマヨネーズが、淡白な味わいの豆腐にコクをプラスします。

ブッ飛ぶ旨さ！

ツナキムチーズ厚揚げ

簡単なのに見栄えするから、家飲みのおつまみにもおすすめ！
厚揚げとキムチの組み合わせで食感も楽しい一品です。

材料 （2人分）

厚揚げ…2個
ツナ缶…1缶
キムチ…100g
めんつゆ…大さじ2
ピザ用チーズ・刻みのり
　…各適量

作り方

1 厚揚げの上面に四角く切り込みを入れて表面をすくい取り（**a**）、さいの目に切って、ボウルに移す。

2 油をきったツナ缶、キムチ、めんつゆを加えてよく混ぜ、くり抜いた厚揚げに詰める。

3 チーズをのせ、オーブントースターで8分焼く。器に盛り、刻みのりを散らす。

表面を
すくい取って
そのまま切る！

ずぼらポイント

チーズの量は気分次第でOK。好きなだけかけて！

どハマり!!

青のりチーズコーン

カロリーは気にしない!（笑）ブッ込むだけで、
どハマりすること間違いなしのジャンクなおいしさ。青のりなしでもおいしいです。

材料 （2人分）

- ⓐ コーン缶… 1缶
- バター… 10g
- 青のり… 大さじ1
- ピザ用チーズ…適量

作り方

1 耐熱容器にⓐを入れる。

2 チーズをかけ、レンジで2分加熱する。

3 さらにトースターで5分焼く。

ずぼらポイント

めんどうであればレンチンのあとトースターで焼かなくてもOKです！

止まらない…

もちチーズ巾着

めんつゆ、もち、チーズが絡み合って、最高の旨さ！ おでんの具にするのも
おすすめです。その場合は爪楊枝で端をとめてください。

材料 （2人分）

油揚げ…2枚
しゃぶしゃぶ用もち…4枚
ピザ用チーズ…適量
スパゲッティ…2〜3本
Ⓐ 水…100㎖
　 めんつゆ…50㎖
　 しょうが（チューブ）…5㎝

作り方

1 油揚げはキッチンペーパーで挟み、上から箸を軽く押し当てて転がす。半分に切り、切り口から袋状に広げる。

2 もち、チーズを詰め、口をスパゲッティで縫うようにとめ、余ったスパゲッティは折る。

3 フライパンを中火で熱し、2を並べて両面こんがり焼く。Ⓐを加えて軽く煮含める。

ずぼらポイント

スパゲッティでとめれば、丸ごと食べられる！

魚介おつまみ

下処理不要で
気軽に作れる

箸が止まらん

ヤンニョムちくわ

焼肉のタレを使って韓国風のヤンニョム味を手軽に再現します。
甘辛ダレにチーズの組み合わせがもう〜たまりません!!

**甘辛ダレは
フライパンの
中で混ぜる!**

材料　（2人分）

ちくわ…6本
ベビーチーズ…4個
片栗粉…大さじ1
ごま油…大さじ2
Ⓐ ┌ 焼肉のタレ…大さじ3
　 ├ ケチャップ…大さじ2
　 ├ 砂糖・コチュジャン
　 └ 　…各小さじ1

作り方

1 ちくわは長さを4等分に切る。チーズは1個を6等分に切る。ちくわの穴にチーズを1切れずつ詰める。

2 フライパンに**1**を入れ、片栗粉を加えてまぶす。ごま油を回しかけて中火にかける。

3 こんがりと焼き色がついたら、ちくわを端に寄せる。空いたところにⒶを入れて混ぜ（a）、ちくわと絡める。

ずぼらポイント

　　焼肉のタレを使えば、簡単に味が決まる!

秒でなくなる！

ちくわの磯辺揚げ

どうせ混ぜるならフライパンで全部やっちゃえ！
3分で作る磯辺揚げ！ 衣に塩を加えると味が引き締まります。

材料 （2人分）

ちくわ…5本
- 小麦粉…大さじ5
- あおさ…大さじ3
Ⓐ 塩…小さじ1
- 水…大さじ3
サラダ油…大さじ2

作り方

1 ちくわはキッチンバサミで長さを半分に切る（ⓐ）。

2 フライパンにⒶを入れて混ぜる。**1**を加え、ちくわにこすりつけるようにしながら衣をつける。

3 サラダ油を回しかけて中火にかけ、こんがり焼き色がつくまで焼く。

袋の上で切ればまな板いらず！

ⓐ

ずぼらポイント

ちくわが入っていた袋は、まな板シート代わりに有効活用！

99

魚介おつまみ

止まらない…

レンチンえびチー蒸し春巻き

ライスペーパーでヘルシー春巻き！ むきえびの代わりに冷凍えびを使っても。
子どもと一緒に作っても楽しいですよ。

材料　（2人分）

ライスペーパー… 8枚
むきえび… 32尾
スライスチーズ… 4枚
青ねぎ（小口切り）…適量
レタス… 2枚
〈タレ〉
ぽん酢しょうゆ・ごま
　…各適量

作り方

1　チーズは半分に切る。水で濡らしたライスペーパーの手前にえび4尾、チーズ1切れ、青ねぎをおく。

2　手前から1回具を巻き込んでから、両端を内側にたたみ（a）、最後まで巻く。同様に計8本の春巻きを作る。

3　耐熱容器にレタスを敷き、2の春巻きを並べ、ラップをして電子レンジで5分加熱する。タレの材料を混ぜ合わせて添える。

ライスペーパーは
両端をたたむ！

a

ずぼらポイント

　　蒸し器は使わず、レンチンで作る！

混ぜる
だけ！

たこマリネ

彩り鮮やかなので、来客の時の一品にもおすすめ！
たこの代わりにえびやいかを使ってもおいしいです。

材料 （2人分）

ゆでだこ… 150g
きゅうり… 1本
ミニトマト… 8個
A ┌ オリーブオイル… 大さじ2
 │ 酢・はちみつ… 各大さじ1
 └ 塩・こしょう… 各適量

作り方

1 たこ、きゅうりは一口大に切る。ミニトマトは半分に切る。

2 ボウルに Ⓐ を入れてよく混ぜ、**1**を加えて和える。

ずぼらポイント

このマリネ液で和えればなんでもウマい！

混ぜるだけ！

さきいかキムチトマト

ビールのお供に最高！ 噛めば噛むほど、さきいかの旨みが広がるおつまみです。
トマトのおかげで辛味もマイルド。

材料 （2人分）

トマト…1個
キムチ…100g
さきいか…30g
大葉（せん切り）・韓国のり
　フレーク・青ねぎ（小口切り）
　…各適宜

作り方

1 トマトはくし形切り、キムチはざく切りにする。さきいかは長ければ半分にちぎる。

2 ボウルにキムチ、さきいかを入れて和える。

3 器にトマト、2を盛り、好みで大葉、のり、青ねぎをのせる。

ずぼらポイント

　調味料いらずでおいしい！

秒でなくなる！

かにマヨえのき

やみつきマヨ味で、つまみ食いが止まりません！えのき、ちくわ、かに風味かまぼこ
の3大節約食材を使用しているので、家計にも優しい♥

材料 （2人分）

えのきたけ…1袋
ちくわ…2本
かに風味かまぼこ…3本
Ⓐ ┌ マヨネーズ…大さじ2
　│ めんつゆ…大さじ1
　└ ごま油…小さじ1
青ねぎ（小口切り）・白ごま
　…各適量

作り方

1 えのきは食べやすい長さに切り、耐熱容器に
入れ、ラップをして電子レンジで2分加熱す
る。

2 ちくわは縦4等分に切り、半分の長さに切る。
かに風味かまぼこは食べやすいサイズに手で
さく。

3 1に2、Ⓐを加えて和える。器に盛り、青ね
ぎを散らし、白ごまをふる。

ずぼらポイント
えのきたけをレンチンしている間に、ちくわとかにかまを切れば3分で完成！

これ
映える！

揚げないアメリカンドッグ

ホットケーキを焼くより子どもたちに大人気！ 衣が余ったら、生地だけを
くるくる焼いて、メープルシロップをかけて食べてもおいしいです。

材料　（2人分）

ホットケーキミックス… 100g
卵… 1個
牛乳… 80㎖

ソーセージ… 8本
ケチャップ… 適量
パセリ (乾燥)… 適宜

作り方

1

生地はゆるめのほうが
キレイにできる！
牛乳の量でかたさを
調節してみて

ポリ袋に卵を割り入れ、ホット
ケーキミックス、牛乳を加え、
手で揉んでよく混ぜる。

2

袋の穴は
小さいほうが
しぼりやすい！

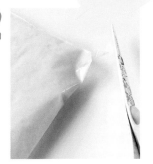

フライパンを中火で熱し、ソー
セージを軽く焼き目がつくまで
焼いて取り出す。**1**の袋の端を
切る。

3

フライパンを弱火にかけ、**2**の
袋の端から、くるくると生地を
しぼり出す。

4

生地がプツプツし始めたら、奥
にソーセージをおき、手前に向
かってくるくる巻く。器に盛り、
ケチャップを添え、好みでパセ
リをふる。

◢ 作ってみた人の声 ╱
子どもが大喜び!! 簡単なのが一番ですね。

ブッ飛ぶ
旨さ！

ベビチ生ハム

お酒の準備はできていますか〜？ 巻くだけでできあがり！
あっというまにできる簡単おつまみです。

材料　（2人分）

生ハム…8枚
ベビーチーズ…4個
A ┌ オリーブオイル…大さじ1
　└ しょうゆ…小さじ1
黒こしょう…適量

作り方

1 チーズは半分に切る。生ハムを広げ、手前にチーズをおき、巻いていく。

2 器に **A** を入れてスプーンなどで混ぜ（**a**）、その上に **1** を並べて全面に馴染ませ、黒こしょうをふる。

器の中で
混ぜる！

a

ずぼらポイント

　　おしゃれレシピも楽して作りたい。

簡単おしゃれ！

クリチ生ハム

海外でもバズっている、盛りつけがおしゃれなおもてなしレシピを
お手軽にアレンジ。お好みではちみつやレモン汁を加えてもおいしいです。

材料 （2人分）

クリームチーズ…適量
生ハム…4枚
バジル…3枚
A ┌ オリーブオイル・
  └ 　黒こしょう…各適量
バゲット…適宜

作り方

1 クリームチーズは小さいスプーン
ですくい、1さじ分ずつスプーン
の背を使って器に塗る（a）。

2 生ハムは1cm幅に切り、くるくる
と巻いて、1の上に並べていく。

3 バジルを手でちぎりながら散らし、
Aをかける。好みでトースターで
軽く焼いたバゲットを添える。

スプーンで
お皿に塗る！

a

ずぼらポイント

生ハムは巻くだけで、花みたいに見える！（笑）　　　**107**

ブッ飛ぶ
旨さ！

焼き鳥缶でチーズタッカルビ

レンチンだけで、タッカルビ風が作れます。コチュジャンを入れると、
より本格的な味になりますが、なしでもOKです。

材料　（1人分）

焼き鳥の缶詰…1缶
玉ねぎ…1/2個
キムチ・ピザ用チーズ・
　青ねぎ（小口切り）…各適量
コチュジャン…小さじ1
ごま油…小さじ1

作り方

1　玉ねぎは薄切りにする。耐熱容器に玉ねぎ、
　汁ごとの焼き鳥缶、キムチ、コチュジャン、
　チーズを入れて混ぜる。

2　さらに好きなだけチーズをのせ、ごま油を回
　しかける。ラップをして電子レンジで3分加
　熱し、青ねぎをのせる。

ずぼらポイント

　　焼き鳥缶の汁もそのまま使う！

無限ヘルシー！

野菜&豆腐
レシピ

やる気がなくても野菜は食べたい。
手間はかけたくないけど、健康やダイエットも気になる〜!!
そんな人でも、「これなら作ってみようかな…?」と思える、
楽ちんレシピをまとめました。

じゃばらきゅうりの ピリ辛漬け

食感も楽しい、ピリ辛きゅうりの漬けもの。
タレに漬けてすぐ食べられます。

旨すぎて無限！

材料 （作りやすい分量）

きゅうり…2本
塩…小さじ½
A
- 酢…大さじ3
- めんつゆ・ごま油・白ごま
  …各大さじ1
- にんにく・しょうが（チューブ）
  …各3cm
- 唐辛子（輪切り）…適量

作り方

1 きゅうりは両端を切り落とす。まな板にきゅうりを置いて菜箸ではさみ、下まで切り落とさないよう、包丁が箸にあたるまで、斜めに2mm幅の切り込みを入れていく。裏返して同様に切り込みを入れ、さらに一口大に切る。

2 ボウルに水を張り、塩、1を入れて10分ほどおく。

3 水けをしぼり、よく混ぜた**A**に漬ける。

やみつききゅうり

米が止まらん

これだけで何杯もごはんをかっ込める！
冷蔵庫で3日ほど保存も可能です。

材料 （作りやすい分量）

きゅうり…3本
塩…小さじ1
A
- しょうゆ…大さじ2
- みりん・砂糖・酢…各大さじ1
白ごま・唐辛子（輪切り）…各適宜

作り方

1 きゅうりは薄い輪切りにし、塩を加えて揉み、10分おく。

2 耐熱性のポリ袋に水けをしぼった1、**A**を入れ、口を軽く閉じて電子レンジで4分加熱する。

3 好みで白ごま、唐辛子を加え、粗熱が取れたら冷蔵庫に半日おく。

これヤバい…

なすと大葉の焼き浸し

なすと大葉を重ねて甘辛ダレに漬けます。
輪切り唐辛子の代わりにコチュジャンを入れてもおいしい。

材料 （作りやすい分量）

なす…4本
大葉…20枚
- にんにく・しょうが（チューブ）…各3㎝
- Ⓐ しょうゆ・酒・みりん・
    ごま油…各大さじ2
- 砂糖…大さじ1
唐辛子（輪切り）…ひとつまみ
白ごま…大さじ1
ごま油…大さじ2

作り方

1 なすはヘタを取り、縦薄切りにする。

2 フライパンにごま油を中火で熱し、**1**を並べ、両面に軽く焼き色がつくまで焼く。

3 耐熱容器に**2**、大葉を順に各3〜4枚ずつ重ねる。

4 フライパンにⒶを入れ、煮立ったら唐辛子、白ごまを加えて**3**にかける。

ずぼらポイント
漬けダレも焼きなすも同じフライパンでOK！

トマトと柿のマリネ

柿の甘みにトマトとクリームチーズの酸味が合う！
彩りがよくおしゃれなのでおもてなしにも。

材料 （2人分）

柿…1個
ミニトマト…8個
クリームチーズ…2個
Ⓐ ┌ レモン汁・はちみつ・
　　　オリーブオイル…各大さじ1
　└ 黒こしょう…適量

作り方

1 柿は皮をむき、一口大に切る。ミ
ニトマトは半分に切る。

2 ボウルに1を入れ、クリームチー
ズを手でちぎりながら加え、Ⓐ
を加えて混ぜる。

簡単
おしゃれ

冷やしトマト＆オクラ

キンキンに冷やして食べたい。
さっぱりだしがじゅわ〜っと広がる！

材料 （作りやすい分量）

トマト…3個
オクラ…8本
Ⓐ ┌ 白だし…50㎖
　└ 水…200㎖

作り方

1 オクラはヘタを切る。トマトはヘ
タを取り、おしり側に十字の切り
込みを入れる。

2 1のオクラとトマトを熱湯で15
秒ほど湯がき、氷水に取る。トマ
トは皮をむく。

3 Ⓐをよく混ぜ、2を漬ける。

旨み
じゅわ〜

ワタごとゴーヤ揚げ

ゴーヤのワタは栄養価が高いので、
"そのまま揚げる"が正解！

止まらない…

材料　（2人分）

ゴーヤ…1本
片栗粉…大さじ5
A ┌ しょうゆ…大さじ2
　│ 顆粒鶏がらスープの素・ごま油
　│ 　…各小さじ1
　│ にんにく・しょうが（チューブ）
　└ 　…各3cm
サラダ油…大さじ4

作り方

1 ゴーヤは1cm厚さの輪切りにする。ポリ袋にゴーヤ、Aを入れ、よく揉んで30分おく。

2 ポリ袋の端を切って水分を捨て、切った端を輪ゴムでとめ、片栗粉を加えて全体にまぶす。

3 フライパンにサラダ油を中火で熱し、2を揚げ焼きにする。

旨もろこし

焦がしバターしょうゆと青のりがたまらない。
芯までしゃぶりたくなる旨さ！

これヤバい…

材料　（2人分）

とうもろこし…1本
片栗粉…大さじ2
サラダ油…大さじ3
A ┌ しょうゆ・バター…各大さじ1
　└ 青のり…適量

作り方

1 とうもろこしは皮を2〜3枚残してラップで包み、電子レンジで2分加熱する。やけどに注意しながら皮をむき、長さを半分に切って、さらに4つ割りにする。

2 フライパンに片栗粉を広げ、1を入れて粒の面に粉をまぶす。粒の面を下にしてサラダ油を回しかけ、ふたをして中火で揚げ焼きにする。

3 焼き色がついてきたら、Aを加えて絡める。

秒でなる！

明太じゃがマヨ

レンチンして、明太マヨを混ぜるだけ！ 辛いものが苦手な方は、
明太子をたらこに代えて作ってみてください。

材 料 （2人分）

じゃがいも … 3個
明太子 … 1本
マヨネーズ … 大さじ2
塩・こしょう・
　青ねぎ（小口切り） … 各適量

作 り 方

1 明太子は薄皮をとってほぐす。じゃがいもは皮をむき、サイコロ状に切る。

2 耐熱容器にじゃがいもを入れ、ラップをして電子レンジで5分加熱する。

3 粗熱がとれたら、明太子、マヨネーズ、塩、こしょう、青ねぎを加えて混ぜる。

ずぼらポイント

　　　　　　　粗熱がとれてからマヨネーズを入れると、仕上がりがベタベタしない。

これ
おしゃれ！

デリ風さつまいもサラダ

家でもおしゃれサラダが食べた〜い。そんなときにおすすめ！
ナッツを散らすと香ばしさと食感でさらにおいしく。

材料　（2人分）

さつまいも … 1本（300g）
クリームチーズ … 5個

A
砂糖 … 小さじ1
塩 … 適量
マヨネーズ・ヨーグルト
（無糖）… 各大さじ3

ミックスナッツ（無塩）… 適量
黒こしょう … 適宜

作り方

1. ナッツはラップでくるみ、めん棒などで叩いて砕く。さつまいもは一口大に切り（ⓐ）、水に10分さらして水けをきる。

2. 耐熱容器にさつまいもを入れ、ラップをして電子レンジで6分加熱する。

3. 粗熱がとれたら、Aを加え、クリームチーズを手でちぎりながら加えて混ぜる。器に盛り、好みで黒こしょうをふり、ナッツを散らす。

大きさは
このぐらい！

ⓐ

ずぼらポイント

砂糖の量を減らせば、加糖タイプのヨーグルトでもOK！

ブッ込む
だけ！

長いも明太グラタン

ストレスも発散できそう!?　長いもは袋に入れてブッ叩け！
とろ～りチーズがたまらない一品です。

材料　（2人分）

長いも…10㎝

A ┌ 明太子…1本
　├ 卵…1個
　└ めんつゆ…大さじ2

ピザ用チーズ・パン粉・
　刻みのり…各適量

作り方

1 ▲の明太子は薄皮をとってほぐす。厚手のポリ袋に長いもを皮つきのまま入れ、叩いて潰す。

2 1のポリ袋に▲を加え、手で揉んでよく混ぜる。

3 2の中身を耐熱容器に出し、チーズをのせ、電子レンジで5分加熱する。

4 パン粉をふり、トースターで3分焼き、のりを散らす。

ずぼらポイント

　　　　長いもをブッ叩きすぎて破れないよう、厚手の食品保存袋を使ってください。

あっというま！

皮のまま長いも焼き

切って焼くだけなのに、めちゃくちゃおいしい。
長いもは皮つきのままでOK。

材料 （2人分）

長いも…15cm
めんつゆ…大さじ2
サラダ油…大さじ2
刻みのり…適量

作り方

1 長いもは皮つきのまま1〜2cm厚さの輪切りにする（ⓐ）。

2 フライパンにサラダ油を熱し、**1**を両面焼き色がつくまでこんがり焼き、めんつゆを加えて混ぜる。

3 器に盛り、のりを散らす。

皮のまま切る！

ⓐ

ずぼらポイント

味つけはめんつゆで簡単！　　**117**

ほくほくかぼちゃフライ

クッキングシートを敷いて、
フライパンの中で衣をつけてみました。

秒でなくなる！

材料 （2人分）

かぼちゃ…¼個
A ┌ 小麦粉…大さじ2
　└ 水…大さじ3
パン粉…適量
サラダ油…大さじ2

作り方

1 かぼちゃは大きめの一口大に切る。耐熱
　容器にかぼちゃを入れ、ラップをして電
　子レンジで3分加熱する。

2 フライパンにクッキングシートを敷き、
　Aを入れて混ぜる。1を加えて全体に液
　をつけ、パン粉を加えて全体にまぶす。

3 クッキングシートを外して、サラダ油を
　回しかける。中火にかけ、両面に焼き色
　がつくまでこんがり焼く。

かぼちゃの
和風マヨソースかけ

香ばしく焼いたかぼちゃにしょうゆマヨが合う！
お箸が止まらなくなる一品です。

止まらない…

材料 （2人分）

かぼちゃ…⅛個
ベーコン…2枚
にんにく…1片
オリーブオイル…大さじ2
A ┌ マヨネーズ…大さじ2
　└ 粉チーズ・しょうゆ…各大さじ1
ミックスナッツ（無塩）…ひとつかみ
黒こしょう…適量

作り方

1 ナッツはラップでくるみ、めん棒などで
　叩いて砕き、少量を飾り用に取り分ける。
　ボウルにA、ナッツを入れて混ぜる。

2 にんにくは粗みじん切りにする。ベーコ
　ンは1cm幅、かぼちゃは0.5cm厚さの一
　口大に切る。耐熱容器にかぼちゃを入れ、
　ラップをして電子レンジで5分加熱する。

3 フライパンにオリーブオイルを弱火で熱
　し、にんにくを入れ、香りが出たら中火
　にする。ベーコンを軽く焼き、かぼちゃ
　を加え、焼き色がつくまで焼く。

4 器に盛り、1のマヨソースをかけ、黒こ
　しょうをふり、飾り用のナッツを散らす。

ブッ飛ぶ
旨さ！

かぼちゃのそぼろ餡かけ

おかわり連発！　ほっこり優しい味つけの煮物です。
調味料の割合は、覚えやすい分量にこだわりました！

材料　（2人分）

かぼちゃ…1/4個
豚ひき肉…150g
片栗粉…大さじ1

A
しょうゆ・酒・みりん
　　…各大さじ1
和風だしの素…小さじ1
水…150mℓ

作り方

1 かぼちゃは一口大に切る。

2 フライパンにひき肉、片栗粉を入れて
軽く混ぜながら（**a**）、中火にかける。
肉の色が変わってきたら、**A**、**1**を加え、
ふたをして弱火で10分煮る。

片栗粉は水で
溶かなくてOK！

a

ずぼらポイント

片栗粉を先にひき肉と混ぜておくと楽ちんなうえ、ダマになりにくい。

119

しらすレタスサラダ

シンプルなのに間違いないおいしさ！
仕上げに黒こしょうをふってもおいしい。

材料 （2人分）

レタス…4〜5枚
しらす…30g
A ┌ ごま油・白ごま…各大さじ1
  └ 塩…小さじ¼
韓国のりフレーク…適量
ミニトマト…適宜

作り方

1 ボウルにAを入れてよく混ぜる。

2 レタスを手でちぎりながら加え、しらすを加えてよく混ぜる。

3 器に盛り、のりを散らし、好みで半分に切ったミニトマトを添える。

混ぜるだけ！

レタスと卵のとろみスープ

包丁もまな板も使わない！
ほっこりとろ〜り温まる超簡単スープ。

材料 （2人分）

レタス…3枚
豚ひき肉…300g
卵…1個
しょうゆ…大さじ3
しょうが（チューブ）…3cm
A ┌ 水…500mℓ
  │ 顆粒鶏がらスープの素・
  │ 片栗粉・オイスターソース
  └ …各大さじ1
白ごま…適量
サラダ油…大さじ1

作り方

1 卵は溶きほぐしておく。鍋にサラダ油を中火で熱し、ひき肉、しょうゆ、しょうがを入れて炒める。

2 ひき肉の色が変わったら、Aを加えてダマにならないよう、急いで混ぜる。

3 沸騰したら、レタスをちぎりながら加え、溶き卵を回しかけて白ごまをふる。

ブッ込むだけ！

ごま塩アボ

切るだけのスピード料理！
ねっとりしたアボカドとごま油がよく合います。

ブッ飛ぶ旨さ！

材料 （2人分）

アボカド…1個
ごま油…小さじ1
塩…適量

作り方

1 アボカドは半分に切り、種をとる。

2 器に盛り、種をとったくぼみに、ごま油を入れ、塩をふる。スプーンでくずしながら食べる。

アボカドのツナ和え

ツナと和えるとおいしさ倍増！
アボカドがペロリと食べられます。

混ぜるだけ！

材料 （2人分）

アボカド…2個
ツナ缶…1缶
Ⓐ ┌ ぽん酢しょうゆ…大さじ2
　 │ 白ごま…大さじ1
　 │ 砂糖・ごま油…各小さじ1
　 │ にんにく・しょうが（チューブ）
　 └ 　…各2cm

作り方

1 アボカドは食べやすい大きさに切る。

2 ボウルにⒶを入れてよく混ぜ、油を切ったツナ、アボカドを加えて和える。

旬野菜の焼き浸し

漬け汁は混ぜるだけ！野菜がおいしい季節の定番メニュー。
冷蔵庫で冷やすと、よりさっぱりと食べられます。

ブッ飛ぶ旨さ！

材料（作りやすい分量）

好みの野菜（なす、オクラ、
　パプリカなど）…適量

Ⓐ めんつゆ・水…各100㎖
　酢…50㎖
　しょうが（チューブ）
　　…3㎝

サラダ油…大さじ2

作り方

1 Ⓐはよく混ぜておく。野菜は食べやすい大きさに切る。

2 フライパンにサラダ油を中火で熱し、野菜を入れて焼き色がつくまで焼く。

3 保存容器に**2**をきれいに並べ（ⓐ）、混ぜ合わせたⒶを加える。

彩りよく並べる！

ずぼらポイント

合わせたタレに漬けるだけ！

くるくるリースサラダ

くるくる巻いたハムがおしゃれ。
お好みのドレッシングを添えてください。

これおしゃれ！

材料 （2人分）

ベビーリーフ…1袋
ミニトマト…8個
モッツァレラチーズ
　（チェリータイプ）…12個
生ハム（またはハム）…6枚
好みのドレッシング（市販）…適量

作り方

1 器にベビーリーフを盛り、真ん中を空ける。ハムをくるくると巻き、ミニトマト、モッツァレラとともに散らす。

2 ドレッシングを小さい器に入れ、ベビーリーフの真ん中におく。ドレッシングをかけながらいただく。

もやしときゅうりの中華サラダ

ブッ込むだけ！

洗い物なし！
薄切りもキッチンバサミで。

材料 （2人分）

もやし…1袋
きゅうり…1/3本
ハム…3枚
Ⓐ 白ごま・しょうゆ・
　　酢・ごま油…各大さじ1

作り方

1 耐熱容器にもやしを入れ、ラップをし、電子レンジで2分加熱する。出てきた水分は捨てる。

2 キッチンバサミできゅうりを薄切り、ハムを細切りにしながら加える。

3 Ⓐを加えてよく混ぜる。

ねぎ塩豆腐スープ

食べすぎた翌日にもおすすめ。
とろとろの豆腐とねぎが胃袋に優しい。

ブッ飛ぶ旨さ！

材料　（2人分）

絹豆腐… 300g
長ねぎ… ½本
卵… 2個

A
- にんにく・しょうが (チューブ)… 各5cm
- ごま油… 大さじ1

B
- 水… 500ml
- 顆粒鶏がらスープの素・片栗粉・オイスターソース… 各大さじ1

青ねぎ (小口切り)… 適宜

作り方

1 卵は溶きほぐしておく。長ねぎは小口切りにする。鍋に**A**を入れて中火で熱し、香りが出たら長ねぎを加え、焼き色がつくまで焼く。

2 **B**を加えてダマにならないよう、急いで混ぜる。

3 沸騰したら、豆腐をスプーンですくいながら加え、溶き卵を回しかける。好みで青ねぎをのせる。

ずぼらポイント
豆腐は切るよりスプーンですくい入れたほうが味がよく絡む！

124

かに玉豆腐スープ

しょうががきいてウマ〜。忙しい日もちゃちゃっと完成！

ブッ込むだけ！

材料 （2人分）

絹豆腐… 300g
かに風味かまぼこ… 5本
卵… 2個
A
- 水… 500㎖
- 顆粒鶏がらスープの素… 大さじ2
- 片栗粉… 大さじ1
- しょうが（チューブ）… 5cm
ごま油・青ねぎ（小口切り）・白ごま
…各適量

作り方

1 卵は溶きほぐしておく。鍋に**A**を入れて混ぜ、沸騰したら豆腐をスプーンですくいながら加える。

2 かに風味かまぼこを手でさきながら加え、再沸騰したら、溶き卵を加える。

3 器に盛り、ごま油をひと回しし、青ねぎをのせ、白ごまをふる。

担々豆腐スープ

旨辛スープがたまらん！
豆乳が苦手な方は代わりに牛乳でも。

旨辛たまらん!!

材料 （2人分）

絹豆腐… 300g
豆乳… 200㎖
豚ひき肉… 150g
にんにく（チューブ）… 5cm
A
- 水… 200㎖
- 顆粒鶏がらスープの素・すりごま・コチュジャン・味噌
  …各大さじ1
- 白ごま…適量
ごま油… 大さじ1
青ねぎ（小口切り）・糸唐辛子…各適宜

作り方

1 鍋にごま油を中火で熱し、にんにくを炒める。香りが出たら、ひき肉を加えて炒める。

2 ひき肉の色が変わったら、**A**を加えて混ぜる。豆乳を注ぎ入れ、豆腐をスプーンですくって加え、ひと煮立ちさせる。

3 器に盛り、好みで青ねぎをのせ、糸唐辛子を飾る。

冷凍豆腐レンチンお好み焼き

粉は使いません！
充填豆腐をパックのまま冷凍し、使ってください。

材料 （作りやすい分量）

絹豆腐（冷凍しておく）… 150g
Ⓐ ┌ 卵… 1個
　　 もやし… ひとつかみ
　　└ 顆粒和風だしの素… 小さじ1
お好み焼きソース・マヨネーズ・
　青のり・かつおぶし… 各適量

作り方

1 豆腐は冷蔵庫で自然解凍し、水け
　をしぼる。耐熱性のポリ袋に豆腐、
　Ⓐを入れ、もやしを折るように手
　で揉んで混ぜ合わせる。

2 ポリ袋の上から形を丸く整え、電
　子レンジで6分加熱する。やけど
　しないように気をつけながら裏返
　し、さらに4分加熱する。

3 器に盛り、ソース、マヨネーズを
　かけ、青のり、かつおぶしをふる。

これヤバい…

冷凍豆腐ナゲット

冷凍した充填豆腐は鶏ひき肉のような食感。
ヘルシー＆かさ増しにGOOD!

材料 （作りやすい分量）

絹豆腐（冷凍しておく）… 300g
鶏ひき肉… 300g
卵… 1個
Ⓐ ┌ 片栗粉・しょうゆ・マヨネーズ
　　│ … 各大さじ3
　　└ 塩・こしょう… 各適量
サラダ油… 大さじ2
ケチャップ・マスタード… 各適量

作り方

1 豆腐は冷蔵庫で自然解凍し、水け
　をしぼる。ポリ袋に豆腐、ひき肉、
　卵、Ⓐを入れ、よく揉んで混ぜる。

2 1のポリ袋の端を切り、フライパ
　ンにタネを一口大ずつしぼり出す。
　サラダ油を回しかけ、中火にかけ
　て両面焼き色がつくまでこんがり
　焼く。

3 器に盛り、ケチャップ、マスター
　ドを添える。

秒でなくなる！

揚げない揚げ出し豆腐

止まらない…

揚げなくても、カリッ、じゅわ〜。焼くだけで作れる、
ヘルシーな揚げ出し豆腐です。薬味はお好みで添えてください。

材料 （2人分）

絹豆腐… 300g
片栗粉… 大さじ5
A［ しょうゆ・みりん
　　…各大さじ1
　　水… 100mℓ ］
サラダ油… 大さじ4
青ねぎ（小口切り）・
　大根おろし・刻みのり
　…各適宜

作り方

1 耐熱容器にⒶを入れて混ぜ、電子レンジで3分加熱する。豆腐は食べやすい大きさに切る。

2 フライパンに片栗粉を広げ、豆腐を入れてまぶす。サラダ油を回しかけ、中火にかけて豆腐を揚げ焼きにする（ⓐ）。

3 器に盛り、好みで青ねぎ、大根おろしをのせ、のりを散らし、**1**のつゆをかける。

こんがり焼く！

ずぼらポイント
片栗粉はフライパンの中でつけちゃってOK！

だし汁じゅわ〜厚揚げ

材料をレンチンするだけ！
厚揚げは小さめに切ったほうが
味がしみやすいです。

材料 （2人分）

厚揚げ…2個
A［ めんつゆ…大さじ3
└ 水…大さじ3

作り方

1 厚揚げはキッチンバサミでサイコロ状に切る。

2 耐熱容器に1、Aを入れ、ラップをして電子レンジで3分加熱する。

これヤバい…

厚揚げのみぞれ煮

カリッと焼いた厚揚げと、
だしをたっぷり含んだ大根おろしがベストマッチ！

材料 （2人分）

厚揚げ…2個
しめじ…½パック
大根…10cm
片栗粉…大さじ2
A［ めんつゆ…大さじ3
│ しょうが（チューブ）…3cm
└ 水…150cc
ごま油…大さじ2
青ねぎ（小口切り）…適量

作り方

1 厚揚げは4等分に切る。しめじは石づきを切り落としてほぐす。大根はすりおろす。

2 フライパンに片栗粉を広げ、厚揚げを入れてまぶす。ごま油を回しかけて中火にかけ、両面焼き色がつくまでこんがり焼く。

3 フライパンの真ん中を空けて、しめじ、Aを加え、煮立ったら大根おろしを加え、軽く混ぜる。青ねぎを加えてひと混ぜする。

ブッ飛ぶ旨さ！

128

あっというま！

ごはん＆麺
レシピ

めんどうなことはいたしません！
ブッ込むだけ、混ぜるだけのごはんもの、
ワンパンやレンチンで作れる麺など、
調理の手間をなるべくカット。1人分からササッと作れます。

混ぜるだけ！

爆速！レンチン釜玉うどん

加熱時間はカップ麺と同じ、3分！
残った汁に水を足して電子レンジで2分加熱すれば、〆の茶碗蒸し風に。

材料　（1人分）

ゆでうどん…1玉
Ⓐ めんつゆ…大さじ2
　 ごま油…大さじ1

卵黄…1個分
天かす・青ねぎ（小口切り）・
　白ごま…各適宜

作り方

1

うどんはゆでずに
レンチン！

耐熱容器にうどん、Ⓐを入れる。
ラップをして電子レンジで3分
加熱する。

2

麺をほぐすようによく混ぜる。

残った汁で
もう1品
作っちゃえ！

3

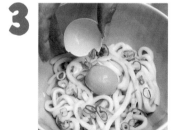

器に盛り、好みで天かす、青ね
ぎ、白ごまをかけ、卵黄をのせ
る。

うどんを食べ終わったら、残っ
た汁に水少量（分量外）を加え、
ラップをして電子レンジで2分
加熱する。

＼作ってみた人の声／

一度で二度おいしい！ 簡単なのに、満たされました！

洗い物なし！

レンチンちくわ焼きそば

耐熱性のポリ袋ひとつで作る、焼かない焼きそば。
お肉を入れなくても、ちくわが十分いい味出してくれます。

材料　（1人分）

焼きそば用中華蒸し麺
　　…1玉
ちくわ…2本
カット野菜…ひとつかみ
塩・こしょう…各適量
ごま油…大さじ1
焼きそばソース（市販）…大さじ2
天かす・青のり・
　　かつおぶし…各適宜

作り方

1 耐熱性のポリ袋に麺を入れ、ごま油を回しかける。ちくわをキッチンバサミで1㎝幅に切りながら加える。カット野菜を加え、塩、こしょうをふる。

2 電子レンジで5分加熱し、ソースを加える。やけどに注意しながら、ミトンをはめた手で揉んで混ぜ合わせる。

3 器に盛り、好みで天かす、青のり、かつおぶしをのせる。

ずぼらポイント

具はカット野菜を使うと包丁いらずで洗い物も少なく楽ちん！

ツナレモン和えそうめん

いつもの食べ方に飽きたらコレ！
夏に食べたい、さっぱりレモン味。

材料　（1人分）

そうめん…100g
ツナ缶…1缶
Ⓐ [しょうゆ・オリーブオイル
　　…各大さじ2
　 レモン汁…小さじ1]
大葉（せん切り）・韓国のりフレーク・
黒こしょう…各適量
レモン（輪切り）…適宜

作り方

1 そうめんは袋の表示通りにゆで、
冷水に取って水けをきる。

2 1をボウルに入れ、缶汁ごとのツ
ナ、Ⓐを加えて混ぜる。器に盛り、
大葉、のりをのせ、黒こしょうを
ふる。好みでレモンを添える。

これヤバい…

ツナねぎ鶏スープそうめん

ゆでて混ぜるだけで完成！
さっぱりねぎ入りの鶏がらスープがクセになりそう。

とりこになる！

材料　（1人分）

そうめん…100g
卵…1個
ツナ缶・青ねぎ（小口切り）
　…各大さじ1
Ⓐ [にんにく（チューブ）…3cm
　 鶏がらスープの素・ごま油
　　…各大さじ1
　 水…200㎖]
黒こしょう・氷…各適量

作り方

1 そうめんは袋の表示通りにゆで、冷水
に取って水けをきる。卵はゆでて半分
に切る。

2 器にⒶを入れてよく混ぜ、そうめん
を盛る。ツナ、ゆで卵、青ねぎをのせ
て氷を浮かべ、黒こしょうをふる。

ブッ込むだけ！

ワンパンねぎ塩パスタ

フライパンに材料をすべて加えて煮込むだけ。
最後に回しかけるごま油の香りが食欲をそそります。

材料　（1人分）

スパゲッティ… 100g
豚バラ薄切り肉… 3枚
長ねぎ… 5cm
キャベツ… 2枚
A ┌ 塩昆布… 大さじ2
  │ にんにく（チューブ）… 3cm
  │ 和風顆粒だし… 小さじ1
  └ 水… 400ml
ごま油… 大さじ1
青ねぎ（小口切り）… 適量

作り方

1 豚肉は2cm幅に切る。長ねぎは斜め薄切り、キャベツはざく切りにする。

2 フライパンに半分に折ったスパゲッティ、**1**、**A**を入れる。

3 ふたをして、スパゲッティの袋の表示のゆで時間通り加熱する。ふたを取ってゆで汁が鍋底に少し残る程度になったら、ごま油を回しかける。

4 器に盛り、青ねぎを散らす。

ずぼらポイント

　　麺のくっつき防止に途中で何度か混ぜてください。

ワンパン青のりペペロン

ペペロンチーノの和風アレンジ！
最後に加えるバターがポイント。

材料 （1人分）

スパゲッティ…100g
オリーブオイル…大さじ2
にんにく…1片
唐辛子（輪切り）…1つかみ
- A
  - 水…250ml
  - 塩昆布・しょうゆ…各小さじ1
- B
  - バター…10g
  - 青のり…小さじ1
  - 塩…適量

作り方

1　にんにくは薄切りにする。フライパンにオリーブオイルを中火で熱し、唐辛子、にんにくを入れて香りが出るまで炒める。Aを加え、半分に折ったスパゲッティで混ぜる。

2　スパゲッティを加えてふたをし、袋の表示のゆで時間通りに加熱する。ふたを取り、Bを加えて混ぜる。

ワンパン明太ペペロン

ピリ辛がクセになる和風ペペロンチーノ。
明太子の代わりにたらこで作ってもおいしい。

材料 （1人分）

スパゲッティ…100g
オリーブオイル…大さじ2
にんにく…1片
唐辛子（輪切り）…ひとつかみ
- A
  - 水…250ml
  - 塩昆布・しょうゆ…各小さじ1
バター…10g
明太子…1本
大葉・刻みのり…各適量

作り方

1　にんにくは薄切り、大葉はせん切りにする。明太子は薄皮をとってほぐしておく。フライパンにオリーブオイルを中火で熱し、唐辛子、にんにくを入れ、香りが出るまで炒める。Aを加え、半分に折ったスパゲッティで混ぜる。

2　スパゲッティを加えてふたをし、袋の表示のゆで時間通りに加熱する。ふたを取って軽く混ぜ、バター、明太子を加えてさらに混ぜる。

3　器に盛り、大葉、刻みのりをのせる。

ワンパンナポリタン

まるで洋食屋さんのナポリタン。
コツはケチャップの酸味を飛ばすこと。

ブッ飛ぶ旨さ！

材料 （1人分）

スパゲッティ…100g	にんにく（チューブ）…5cm
ソーセージ…5本	ケチャップ…大さじ4
好みの野菜	水…400ml
（玉ねぎ・ピーマン・	バター…10g
ミニトマトなど）…各適量	粉チーズ・黒こしょう
オリーブオイル…大さじ2	…各適量

作り方

1 ソーセージ、野菜は薄切りにする。フライパンにオリーブオイルを中火で熱し、にんにく、ソーセージを入れ、オリーブオイルに旨みを移す。

2 野菜を加え、しんなりするまで炒めて端に寄せる。フライパンの空いたところにケチャップを入れ、混ぜながら酸味を飛ばし、ケチャップがふつふつとしてきたら全体を混ぜ合わせる。

3 水を加え、半分に折ったスパゲッティを入れてふたをする。袋の表示のゆで時間通り加熱してふたを取り、バターを加え、全体を混ぜ合わせながら水分を飛ばす。

4 器に盛り、粉チーズ、黒こしょうをふる。

ワンパンレモンクリームパスタ

レモンでさっぱり食べられるクリームパスタ。
好みで野菜をプラスしてもおいしい。

これヤバい…

材料 （1人分）

スパゲッティ…100g	B[バター…20g
ベーコン…2枚	固形コンソメ…1個
オリーブオイル…大さじ2	レモン汁…大さじ1
水…300ml	塩・黒こしょう・粉チーズ
A[小麦粉…大さじ2	・青ねぎ（小口切り）…各適量
牛乳…300ml	レモン（輪切り）…適宜

作り方

1 ベーコンは食べやすいサイズに切る。フライパンにオリーブオイルを中火で熱し、ベーコンを焼く。

2 半分に折ったスパゲッティ、水を加えてふたをし、袋の表示のゆで時間通り加熱する。

3 スパゲッティを端に寄せ、空いたところに🅐を加えてよく混ぜ、さらに全体を混ぜ合わせる。🅑を加え、とろみが出たらレモン汁を加える。

4 器に盛り、塩、黒こしょう、粉チーズをふり、青ねぎを散らす。好みでレモンを添える。

レンチン
ミートソースパスタ

ごろっとミートソースがレンチンで完成！
ナツメグがなければカレー粉でもOKです。

ブッ込む
だけ！

材料　(1人分)

スパゲッティ…100g
玉ねぎ…1/4個
豚ひき肉…100g
ミニトマト…5個

A ┌ オリーブオイル
　　…大さじ1
　顆粒コンソメ
　　…小さじ1
　└ 水…250mℓ

B ┌ ケチャップ…大さじ3
　焼肉のタレ…大さじ1
　ウスターソース・
　　はちみつ…各小さじ1
　にんにく (チューブ)
　　…3cm
　└ ナツメグ…適量
粉チーズ・黒こしょう
　　…各適量

作り方

1　玉ねぎは薄切りにし、ミニトマトは半分に切る。

2　耐熱容器に**A**を入れて混ぜ、半分に折ったスパゲッティ、玉ねぎを加える。ラップをして電子レンジで6分加熱し、取り出して軽く混ぜ合わせる。

3　ひき肉、ミニトマト、**B**を加えて軽く混ぜ、ラップをかける。電子レンジで4分加熱して取り出し、水分を飛ばすように混ぜ合わせる。

4　器に盛り、粉チーズ、黒こしょうをふる。

レンチンかぼちゃ
クリームパスタ

かぼちゃクリームが濃厚でハマる〜。
レンチンで簡単に作れます！

これ
濃厚！

材料　(1人分)

スパゲッティ…100g
ベーコン…2枚
玉ねぎ…1/8個
かぼちゃ…1/10個

A ┌ オリーブオイル
　　…小さじ1
　顆粒コンソメ…小さじ1
　└ 水…250mℓ

卵…1個
にんにく (チューブ)
　　…3cm
ピザ用チーズ
　　…ひとつかみ
黒こしょう…適量

作り方

1　玉ねぎは薄切りにし、ベーコンは1cm幅に切る。かぼちゃは1cm厚さの一口大に切る。

2　耐熱容器に半分に折ったスパゲッティ、**A**、**1**を入れて混ぜる。ラップをして電子レンジで4分加熱して取り出し、ラップを外してひと混ぜする。ラップをかけ直し、電子レンジでさらに4分加熱する。

3　熱いうちに真ん中を空け、卵を割り入れる。にんにく、チーズを加えて素早く混ぜる。

4　器に盛り、黒こしょうをふる。

ブッ込むだけ！

丸ごとトマトごはん

加熱するので、トマトの青臭さは感じません。
トマト嫌いな方にも試してほしい、洋風炊き込みごはん。

材料（作りやすい分量）

米…3合
トマト…1個
ツナ缶…1缶
固形コンソメスープの素
　…2個
粉チーズ・黒こしょう
　…各適量

作り方

1 トマトはヘタをくり抜き、おしり側に十字に切り込みを入れる。米を研いで炊飯器に入れ、目盛りまで水を加える。

2 ツナを缶汁ごと加えて混ぜ、トマト、コンソメをのせて通常炊飯する。

3 炊き上がったらトマトをくずしながら混ぜる（**a**）。

4 器に盛り、粉チーズ、黒こしょうをふる。

くずしながら混ぜる！

a

ずぼらポイント

　　トマトはしゃもじでくずして！

コーンごはん

材料を入れた内釜を揺らして混ぜるだけでOK！
あとは炊飯器におまかせ！

材料 （作りやすい分量）

米…3合
コーン缶…1缶
塩…小さじ1
バター…10g
しょうゆ…数滴

作り方

1 米を研いで炊飯器に入れ、コーンの缶汁、塩を加え、目盛りまで水を加える。

2 コーンを加え、内釜全体を揺らして混ぜ、通常炊飯する。

3 炊き上がったらバターを加えて混ぜ、器に盛り、しょうゆを垂らす。

止まらない…

梅昆布ごはん

調味料は、水を加えるときの勢いで混ぜる！
酸っぱウマ〜な炊き込みごはんです。

材料 （作りやすい分量）

米…3合
A ┌ みりん…大さじ3
  └ しょうゆ…大さじ1
B ┌ 塩昆布…大さじ3
  └ 梅干し…6個
大葉…適宜

作り方

1 米を研いで炊飯器に入れ、Aを加える。全体が混ざるよう、水を勢いよく目盛りまで加える。

2 Bを加え、通常炊飯する。炊き上がったら混ぜ合わせて器に盛り、好みで刻んだ大葉をのせる。

ブッ飛ぶ旨さ！

炊飯器
だけ!!

ガーリックシュリンプライス

おしゃれごはんも炊飯器で一発！ こんな感じで盛りつければ、
同時に作ったなんて、誰も思わないでしょ？

材料 （作りやすい分量）

米…3合
むきえび…30尾
Ⓐ ┌ 酒・しょうゆ・顆粒コンソメ
　　スープの素…各大さじ1
　└ 塩…小さじ2
にんにく…1片
オリーブオイル…大さじ3
黒こしょう・パセリ（乾燥）…各適量
好みのつけ合わせ野菜…適宜

作り方

1 にんにくは粗く刻む。米を研いで炊飯器に入れ、2.5合の目盛りまで水を加える。

2 Ⓐを加えて軽く混ぜ、えび、にんにく、オリーブオイルを加えて通常炊飯する。

3 茶碗などを使って、ご飯を器に丸く盛りつける。えびを添え、黒こしょう、パセリをふり、好みで野菜を添える。

ずぼらポイント

140　　　　えびを取り分け、ごはんに添えるように盛りつけるとおしゃれ！

ねぎ豚ごはん

間違いなくおいしい一品。
私の母の味です!

材料 （作りやすい分量）

米…3合
長ねぎ…3本
豚バラ薄切り肉…5枚
めんつゆ…大さじ3

作り方

1 米を研いで炊飯器に入れ、めんつゆを
加え、目盛りまで水を加える。

2 長ねぎと豚肉をキッチンバサミで2cm
幅に切りながら加え、通常炊飯する。

ブッ飛ぶ旨さ!

枝豆ツナ塩昆布混ぜごはん

炊いたごはんに混ぜるだけ! 塩昆布の塩味だけでめちゃウマ〜。

材料 （作りやすい分量）

ごはん…茶碗3杯分
ゆで枝豆…30粒
塩昆布…3つまみ
ツナ缶…1缶
白ごま…適量

作り方

1 ごはんにゆで枝豆、塩昆布、油をきっ
たツナ缶、白ごまを入れてよく混ぜる。

混ぜるだけ!

ふわふわ鶏たま丼

甘辛な照り焼きダレに絡めた鶏肉を
ふわふわの卵でとじちゃいました！

これヤバい…

材料　（2人分）

鶏もも肉…1枚
しょうゆ・酒…各大さじ1
小麦粉…大さじ3
Ⓐ しょうゆ…大さじ2
　　砂糖・酒・みりん…各大さじ1
卵…2個
ごはん…丼2杯分
塩・こしょう…各適量
青ねぎ（小口切り）・刻みのり…各適宜
サラダ油…大さじ1

作り方

1 鶏肉は一口大に切る。ポリ袋に鶏肉、しょうゆ、酒を入れてよく揉み、10分おく。ポリ袋の端を切り、水けをきる。切ったところを輪ゴムでとめ、小麦粉を加えて全体にまぶす。

2 フライパンにサラダ油を中火で熱し、**1**を入れ、焼き色がつくまで焼く。Ⓐを加えて鶏肉に絡める。

3 フライパンの真ん中を空けて卵を割り入れ、塩、こしょうをふり、かき混ぜる。卵が固まりはじめたら、全体を混ぜ合わせる。

4 器にごはんを盛り、**3**をのせる。好みで青ねぎ、のりを散らす。

炊飯器で豚丼

炊飯器でお米を炊くと同時に、
具も作る合わせ技！

ブッ込むだけ！

材料　（作りやすい分量）

米…3合
玉ねぎ…1個
豚ロース肉切り
　落とし…300g
Ⓐ めんつゆ…大さじ3
　　しょうゆ・砂糖
　　…各大さじ2
　　しょうが（チューブ）
　　…5cm
糸唐辛子…適宜

作り方

1 玉ねぎは薄切りにし、豚肉は一口大に切る。米を研いで炊飯器に入れ、目盛りまで水を加える。

2 米の上にアルミホイルを広げ、玉ねぎ、豚肉、Ⓐを入れて混ぜ合わせる。アルミホイルを閉じ、通常炊飯する。

3 やけどに注意しながらアルミホイルごと具材を取り出す。器にごはんを盛り、具材をのせ、好みで糸唐辛子を飾る。

かにかま天津飯

餡をレンチンしている間にほとんどできちゃう！
卵はとろ〜っと半熟にするのがおいしい！

爆速！

ネバネバ丼

胃腸にも優しいネバネバ食材大集合〜。
味つけは納豆のタレとめんつゆ！

ブッ込むだけ！

材料　（2人分）

卵…3個
かに風味かまぼこ…5本
マヨネーズ…大さじ1
A ┌ しょうゆ…大さじ1
　│ 顆粒鶏がらスープの素・砂糖・酢・
　│ 　片栗粉…各小さじ1
　└ 水…100㎖
サラダ油…大さじ2
ごはん…丼2杯分
青ねぎ（小口切り）…適量

作り方

1 ボウルに卵を割り入れ、かに風味かまぼこを手でさきながら加え、マヨネーズを加える。

2 耐熱容器に**A**を混ぜ合わせ、ラップをして電子レンジで1分加熱する。

3 フライパンにサラダ油を中火で熱し、**1**を入れて菜箸で大きくかき混ぜる。卵が固まりかけたら、**2**を加える。

4 ひと混ぜし、器に盛ったごはんにのせ、青ねぎを散らす。

材料　（1人分）

長いも…8㎝
めかぶ…30g
納豆…1パック
めんつゆ…小さじ1
ごはん…丼1杯分
卵黄…1個分

作り方

1 長いもは皮をむき、サイコロ状に切る。ボウルに長いも、めかぶ、納豆を入れ、納豆のタレ、めんつゆを加えて混ぜる。

2 器にごはんを盛り、**1**、卵黄をのせる。

143

チュモッパ

たくあんのポリポリ食感がたまらなくおいしい
韓国風ミニおにぎり。味つけは焼肉のタレで簡単！

止まらない…

材料　（作りやすい分量）

ごはん … 2合分
とびこ … 60g
たくあん … 5cm
キムチ … 100g
大葉 … 10枚
白ごま・韓国のりフレーク … 各大さじ2
焼肉のタレ … 大さじ2
マヨネーズ・ごま油 … 各大さじ1

作り方

1 たくあんは粗みじん切り、キムチはざく切り、大葉は細切りにする。

2 ボウルにすべての材料を入れてよく混ぜ、小さめの丸いおにぎりにする。器に大葉（分量外）をしき、おにぎりをのせる。

ずぼらポイント

　　とびこはなくてもOK。具材は好みでアレンジしてみてください。

ブッ飛ぶ
旨さ！

ジャンボ肉巻きおにぎり

ガッツリ育ち盛りの子どもの胃袋を満たす、肉巻きおにぎり。
1個ずつ握らず、ロール状にするから簡単！

材料 （作りやすい分量）

ごはん…1合分
豚ロース薄切り肉…200g（約24枚）
スライスチーズ…2枚
大葉…8枚
小麦粉…大さじ2
サラダ油…大さじ2
A ┌ しょうゆ・酒…各大さじ5
　│ みりん…大さじ3
　│ 砂糖…大さじ1
　│ にんにく・しょうが
　└ （チューブ）…各適量
白ごま…適量

作り方

1 チーズは半分に切る。ラップを大きく広げ、豚肉を少しずつ重ねながら6枚ほど並べる。手前に大葉2枚、チーズ1切れ、ごはん¼量をのせて、巻き寿司の要領でラップを持ち上げながら巻く。同様に全部で4本作る。

2 フライパンに小麦粉を広げ、**1**を入れてまぶす。サラダ油を回しかけて中火にかけ、転がしながら焼く。全体に焼き色がつくまでこんがり焼き、Aを加えて絡める。

3 器に盛り、キッチンバサミで食べやすい大きさに切り、白ごまをふる。

ずぼらポイント

味つけは焼肉のタレだけにしてもおいしいです。

濃厚！漬け卵かけごはん

こってり濃厚〜。タレも一緒に
ごはんにかけてください。お酒を
飲んだあとの〆向きな味かも!?

材料 （作りやすい分量）

卵黄… 5個分
Ⓐ ┌ 焼肉のタレ…大さじ4
　 └ しょうゆ・ごま油…各大さじ2
白ごま…大さじ1

作り方

1 保存容器にⒶを入れてよく混ぜ、
卵黄を加えて冷蔵庫で一晩漬ける。

2 器に盛ったごはん（分量外）にの
せ、白ごまをふる。混ぜながらいた
だく。

止まらない…

大葉漬け卵かけごはん

漬け卵かけごはんに大葉をプラス。
漬けている間が待ち遠しい！

材料 （作りやすい分量）

卵黄… 5個分
大葉… 5枚
Ⓐ ┌ 焼肉のタレ…大さじ4
　 │ しょうゆ・ごま油…各大さじ2
　 │ 白ごま…大さじ1
　 └ 唐辛子（輪切り）…適量

作り方

1 保存容器にⒶを入れてよく混ぜ、
大葉を加えてふたをし、容器をふ
る。卵黄を加え、冷蔵庫で一晩漬
ける。

2 器に盛ったごはん（分量外）にの
せ、混ぜながらいただく。

ごはん泥棒！

子どもも喜ぶ！

びっくり
バズおやつ

おいしくて簡単に作れるうえ、
見た目もユニークなおやつレシピをご紹介します。
お子さんがいる方は、
親子で一緒に作っても楽しいですよ。

混ぜる
だけ！

まるでレアチーズ!?

SNSでバズったレシピを簡単リッチにアレンジ。雪印メグミルクの「牧場の朝」と、森永製菓の「マリービスケット」が奇跡のシンデレラフィット!

材料　（作りやすい分量）

ヨーグルト（小分けタイプ）… 3個
ビスケット（丸型）… 3枚
クリームチーズ（小分けタイプ）… 3個

Ⓐ　ゼラチン… 5g
　　お湯… 大さじ3

作り方

容器のまま
作れます

耐熱性の計量カップにⒶを入れてゼラチン液を作る。ヨーグルトのカップにクリームチーズを1個ずつ加え、なめらかになるまでよく混ぜる。

それぞれゼラチン液を大さじ1ずつ加え、さらによく混ぜる。

ビスケットを1枚ずつのせ、冷蔵庫で3時間以上冷やし固める。

カップのふちにナイフなどを入れて、中身を取り出しやすくする。逆さにしてカップを軽く押しながら器に取り出す。

＼作ってみた人の声／
MARIEがピッタリハマったのに笑った。ほんとにレアチーズのようでした!

149

これヤバい…

レインボーわらびもち

使うシロップはお好みで。わらびもちを一晩漬けておけば、
7色のわらびもちのできあがり。きな粉をつけて食べてもおいしいです。

材料 （作りやすい分量）

わらびもち（市販）… 1パック
かき氷シロップ（いちご・レモン・
　ブルーハワイ）… 各適量

作り方

1　シロップを混ぜて、7色作る（右
　記参照）。

2　わらびもちをそれぞれのシロップ
　に漬けて（a）、3時間以上おく。

3　竹串に刺す。

漬けるだけ！

a

〈7色シロップの作り方〉
赤＝いちご
黄色＝レモン
青＝ブルーハワイ
緑＝レモン＋ブルーハワイ
　（メロン味のシロップでも）
ピンク＝いちごを水で薄める
オレンジ色＝いちご＋レモン
紫＝いちご＋ブルーハワイ

ずぼらポイント

　　　余りがちなかき氷シロップを有効活用！

レインボーサイダー

レインボーわらびもちをカラフルでかわいいドリンクにアレンジ！

材料

レインボーわらびもち
　（左ページ参照）…適量
サイダー…適量

作り方

1 グラスにレインボーわらびもちを入れる。

2 上からサイダーを注ぐ。

ブッ込むだけ！

レインボーゼリー

漬けたあとのシロップは捨てずにゼリーに変身させて！

材料　（作りやすい分量）

7色かき氷シロップ（左ページ参照）
　…各適量
Ⓐ┌ゼラチン…5g
　└お湯…大さじ3

作り方

1 ボウルにⒶを入れてゼラチン液を作る。

2 残ったかき氷シロップにゼラチン液を分けて加え、冷蔵庫で冷やし固める。

3 それぞれのゼリーをくずしてグラスに順に重ねていく。

混ぜるだけ！

適当な大きさに
くずす!

きらきらゼリー

子どもが大好きな乳酸菌飲料の味。
きらきら涼しげなゼリーの完成です。上にフルーツをのせても。

これ
映える!

材料 （2人分）

ゼラチン … 10g
水 … 100㎖

Ⓐ
┌ 乳酸菌飲料（希釈用
│ 原液）… 50㎖
└ 牛乳 … 150㎖

Ⓑ
┌ かき氷シロップ
│ （ブルーハワイ）
│ … 50㎖
└ 水 150㎖

作り方

1 耐熱容器に半量のゼラチンと半量の水を入れてよく混ぜ、電子レンジで1分加熱する。Ⓐを加えてよく混ぜ、器に注ぎ入れる。

2 別の耐熱容器に残りのゼラチンと水を入れてよく混ぜ、電子レンジで1分加熱し、Ⓑを加えてよく混ぜる。

3 1と2を冷蔵庫で冷やし固める。

4 ブルーのゼリーをスプーンで適当な大きさにくずし（ⓐ）、白いゼリーの上にのせる。好みでフルーツ（分量外）を飾る。

ずぼらポイント

152　　　ゼラチンは電子レンジで溶かすからお手軽!

乾杯ゼリー

子どもだって「お疲れ様〜」したい!?
見た目はまるでビールですが、
実はりんごゼリー。

材料 （1人分）

ゼラチン…5g
りんごジュース…300㎖

作り方

1 耐熱容器にゼラチンとりんごジュース
50㎖を入れてよく混ぜる。電子レン
ジで30秒加熱し、残りのりんごジュ
ースを加えてさらに混ぜる。

2 200㎖程度をグラスに注ぎ、冷蔵庫
で冷やし固める。

3 残りのゼリー液をボウルに入れ、底を
氷に当てながら、白い泡になるまで泡
立て器で泡立てる。2のグラスに泡を
のせ、さらに冷蔵庫で冷やし固める。

これヤバい…

コーヒー氷

某ドーナツチェーン超え!? 暑い日に飲みたい
コーヒー氷。オレンジジュース×サイダーなど、
お好きな飲み物でアレンジしてみて！

材料 （1人分）

アイスコーヒー・牛乳…各適量

作り方

1 冷凍用保存袋にアイスコーヒーを注ぎ、
薄くならして冷凍庫で2時間以上冷や
し固める。

2 1を手で揉んで細かくしてグラスに入
れ、牛乳を注ぎ入れる。

ブッ込むだけ！

粉雪おさつ

さつまいもを焼いたら、あとはひたすら混ぜるだけ！
自然な甘さであとを引く旨さです。

秒でなくなる！

材料 （作りやすい分量）

さつまいも…300g
A ┌ 砂糖…大さじ4
　 └ 水…大さじ2
サラダ油…大さじ4

作り方

1 さつまいもは一口大に切り、水に5分さらし、水けをきってラップをして電子レンジで5分加熱する。

2 フライパンにサラダ油を中火で熱し、**1**を揚げ焼きにする。

3 キッチンペーパーで余分な油を拭き取り、さつまいもを端に寄せて、空いたところに**A**を加える。ぷくぷく泡立ってきたら（**a**）、さつまいもと混ぜ合わせる。

4 火を止め、砂糖が結晶化するまで混ぜる。

ぷくぷく
なったら
混ぜる！

a

ずぼらポイント

「砂糖：水＝2：1」で覚えて！

おわりに

　以前は、料理なんて…嫌いでした。15年以上前のことになりますが、結婚して、料理をしないといけない「主婦」という立場になって、はじめて料理と向き合うことに。結婚当初は、冷凍食品や市販のお惣菜、外食などを利用しながら、どうにか自分で作らずに日々をやり過ごしていました。たまに料理を作ろうと思い立っても、レシピの工程が多いと、やっぱりやる気をなくして作らない…そんな日々。

　でも、子どもたちに「おふくろの味」を持っていてほしい、という思いもあり、心の中には、いつも矛盾や葛藤を抱えていました。そして、息子3人が大きくなるにつれて、食べる量も半端なく、食費がえらいことになってきて…、ちゃんと自炊せざるを得なくなりました。

　追いつめられて…、作り始めた料理（笑）。料理したくない気持ちも、苦手意識も、それでも子どもには栄養バランスを考えたものを食べてほしいという思いも…、もともと料理が好きじゃない私だからこそ、よくわかります。

　だから、レシピを発信しているからといって、「必ず手作りがいい！」なんて思ってなくて、「頼れるもんには頼ったらいい！」って思ってます。たまに「冷凍食品ばっかりでかわいそう！」とか「お惣菜ばっかり…」とかいう人いません？　そんな人がいたら、「あなた、スーパーでお肉買ってますよね？　牛育てて、自分でさばいてますか？」って聞きたい。誰かがミンチにしてくれたひき肉を買うのはOKなのに、冷凍食品やお惣菜のハンバーグの状態で買ったら「手抜き」って、どこかおかしくないですか？「どこまでを、誰がするか」という話だから、「今めちゃめちゃ忙しい！」「料理したくない！」というときは、外食したり、お惣菜を買ったりしたらいいんです。牛を育てるところから料理を作るところまで、全部プロの手にまかせてしまえばいい。

　少し余裕があって、「家でレンチンくらいならできそう」というときは、冷凍食品を利用すればいい。プロが考え抜いて開発した冷凍食品です。家で作りおきを冷凍するのはよくって、食品メーカーさんが作っているものはダメ、って、そんなことはない。

　さらに余裕があるってことなら…、そこではじめて、自分で料理を作ってみたらいい。ムリはせずに、「やる気ないけど、ちょっとぐらい料理してみよっかなー」ってときに、私のレシピがお役に立てば、めっちゃうれしいです。

　頑張りすぎず…楽しみながらやっていきましょう♬

るみる

材料別INDEX

PROFILE

るみる（川中瑠美）

ずぼら料理研究家。男の子3人を育てるシングルマザー。やる気がないときでも、「これならできそう！」と思わせてくれるレシピを投稿したInstagramが話題となり、フォロワー数は19万人を超える（2023年10月時点）。本書が初のレシピ本となる。
Instagram：rumiru_zuborashokudo

STAFF

デザイン	tri
撮影	石川奈都子、るみる
スタイリング	黒木優子、るみる
編集	稲垣飛力里（side dishes）
校正	聚珍社

タイパ命！
やる気なくても旨すぎレシピ

2023年12月12日　第1刷発行

著者	るみる（川中瑠美）
発行人	土屋　徹
編集人	滝口勝弘
企画編集	田村貴子
発行所	株式会社Gakken
	〒141-8416　東京都品川区西五反田2-11-8
印刷所	大日本印刷株式会社
DTP製作	株式会社グレン

●この本に関する各種お問合せ先
本の内容については、下記サイトのお問い合わせフォームよりお願いします。
　https://www.corp-gakken.co.jp/contact/
在庫については　Tel 03-6431-1250（販売部）
不良品（落丁、乱丁）については　Tel 0570-000577
　学研業務センター　〒354-0045　埼玉県入間郡三芳町上富279-1
上記以外のお問い合わせは　Tel 0570-056-710（学研グループ総合案内）

学研グループの書籍・雑誌についての新刊情報・詳細情報は下記をご覧ください。
学研出版サイト　https://hon.gakken.jp/